INTRODUÇÃO
AO ESTUDO DAS
TREVAS

JOSÉ USHER

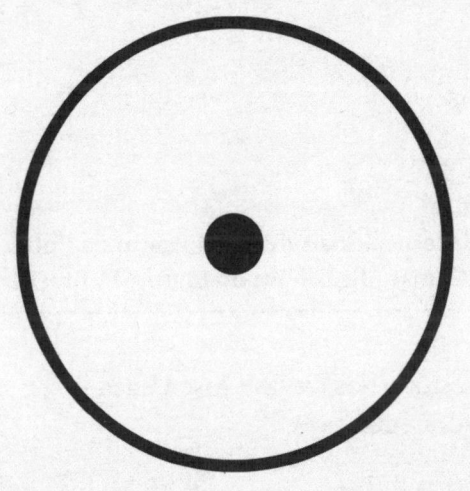

INTRODUÇÃO
AO ESTUDO DAS
TREVAS

MADRAS®

© 2022, Madras Editora Ltda.
Editor:
Wagner Veneziani Costa (*in memoriam*)
Produção e Capa:
Equipe Técnica Madras
Revisão:
Ana Paula Luccisano
Neuza Rosa

**Dados Internacionais de Catalogação na Publicação (CIP)
(Câmara Brasileira do Livro, SP, Brasil)**

Usher, José
Introdução ao estudo das trevas / José Usher. --
São Paulo : Madras, 2022.

ISBN 978-65-5620-051-4

1. Criador 2. Deus - Onipotência 3. Orixás
4. Umbanda I. Título.
22-136589 CDD-299.672

Índices para catálogo sistemático:
1. Umbanda : Religião 299.672
Henrique Ribeiro Soares - Bibliotecário - CRB-8/9314

É proibida a reprodução total ou parcial desta obra, de qualquer forma ou por qualquer meio eletrônico, mecânico, inclusive por meio de processos xerográficos, incluindo ainda o uso da internet, sem a permissão expressa da Madras Editora, na pessoa de seu editor (Lei nº 9.610, de 19/2/1998).
Todos os direitos desta edição reservados pela
MADRAS EDITORA LTDA.
Rua Paulo Gonçalves, 88 – Santana
CEP: 02403-020 – São Paulo/SP
Tel.: (11) 2281-5555 — (11) 98128-7754
www.madras.com.br

Índice

Prefácio 7
1. Introdução 11
2. Onipresença para Além da Luz 15
3. Sentidos Invertidos da Vida 19
   Quem está errado? 22
4. Caos Organizado. 25
5. O Princípio da Dualidade do Caos 31
   Quem está errado? Essa não é uma pergunta adequada para tal situação. O ideal é questionar: de qual lado se deseja evoluir? 33
   Anarquia da libertinagem 35
   É, portanto, um ser das trevas uma antidivindade? ... 36
6. Esferas Negativas da Criação 43
7. Reinos 53

8. Domínios..59
   Interpretação dos movimentos de zonas,
   domínios e reinos..72
9. Seres Integrantes das Esferas Negativas..............81
   Kiumbas..81
   Seres elementares 83
   Os Escuros...85
   Formas negativas..88
10. Fundamentos de uma Tronqueira ou Caverna de
    uma Esfera Negativa...93
    Fundamentos de uma oferenda negativa...........95
    Estrutura de um trabalho negativo....................102
11. Regiões...111
12. Considerações Finais 117

Prefácio

Amigo Leitor,

Mais uma vez fui surpreendida com um convite para prefaciar um livro e, apesar da minha pouca habilidade com as palavras, aceitei-o em honra a esse amigo e irmão querido, José Usher.

Por ter sido instigada, desejo, igualmente, nestes poucos parágrafos, instigar a curiosidade do amigo leitor à reflexão sobre o bem e o mal e, ainda, sobre a capacidade humana de se superar em suas ações, tanto no sentido da luz, quanto no caminho da treva.

E, assim refletindo, me veio à mente o que disse nosso amado Mestre Jesus: "Na casa de meu Pai há muitas moradas".

Pois bem, estamos acostumados a entender como único meio evolucionista o caminho da luz, onde seres encarnados e consciências extrafísicas se agregam formando egrégoras de luz, trabalhando em prol da paz e da evolução dos seres.

No entanto Deus, em sua infinita misericórdia com sua própria criação, nos faz ver que a treva humana é também uma de suas moradas, onde Ele igualmente se faz presente sempre concedendo aos seres mais uma oportunidade de crescerem, evoluírem e retomarem o caminho de volta, tão puros e íntegros quanto no momento em que foram emanados.

Nesse estágio de nossa evolução, devemos entender que o bem e o mal têm várias faces distintas umas das outras, mas iguais em tamanho e importância.

O que vemos neste livro desse nosso irmão em Oxalá, José Uscher, é mais uma dessas "faces" de Deus chamada Treva, tão importante quanto a Luz.

A leitura desta obra nos leva a concluir que, como filhos perfeitos de Deus em nossa essência mais pura, devemos evoluir sempre na luz, para o bem. E com sabedoria e maturidade, é preciso que tomemos ciência de tudo o que nos cerca, em especial é necessário que saibamos que o nosso livre-arbítrio de baixo para cima é nossa condenação e de cima para baixo é nossa absolvição.

Com maestria esse conhecimento foi passado ao autor pelos seus mentores, abrindo para nós o ensinamento de que a treva é uma via evolutiva mais pungente ainda do que aquela que conhecíamos até hoje por meio do entendimento das faixas vibratórias.

Poderia nossa mente conceber um "poder paralelo" de tamanho, intensidade e força equivalente ao da nossa conhecida Lei Maior e Justiça Divina? Creio que não?

Mas, não é demais nos lembrarmos de que tudo o que tem no macro tem no micro, tudo o que há no alto há embaixo e tudo o que existe na direita existe também na esquerda.

Partindo desse princípio, podemos afirmar que, se no meio físico em que habitamos neste momento existe um "poder paralelo" equivalente ao poder legalmente constituído por nossas instituições sociais, por que não haveria na contraparte espiritual desse nosso meio físico um poder contrapondo-se à própria Lei Divina?

As indagações e inquietações advindas da leitura desta obra fazem com que eu possa afirmar, amigo leitor, que este é um livro intrigante, instigante e revelador, trazendo à Luz as trevas e, mais importante, ensinando-nos que àquele que na luz se mantém, é-lhe dado o direito de conhecer as trevas sem ser por ela engolido.

Ótima leitura a todos!

Maria de Fátima Saraceni

"As tuas Trevas não são minhas. Os teus Seres Escuros não me representam e as minhas Trevas não coincidem com as tuas... Então, cala, observa, respeita e aprende... para seres Rei ou Rainha entre elas" – **Whiter, o Kiumba.**

MINHA GRATIDÃO AOS GUARDIÕES REVELADORES
EXU COBRA CORAL, EXU SERPENTE NEGRA,
EXU LÚCIFER, EXU MORTE..

1
Introdução

Ao imaginarmos o mal, a história nos mostra que ela mesma se baseia no caos ou na falta de um norte, em virtude de sua natureza destrutiva, corrupta e frágil.

Se traçamos uma linha reta na escuridão, não podemos determinar sua retidão por não termos a visão acerca da organização que ela pode conter internamente.

Ao pensarmos na ordem que as trevas podem abrigar em sua essência, entramos em uma mudança de paradigma no conceito evolutivo da consciência humana. E é a própria consciência humana que estruturou durante sua existência a ideia ou concepção de um lado da Criação absorvedor, punitivo, doente e vingativo.

Por isso, como seria possível conceber um ambiente evolutivo em algo obscuro, oculto, recessivo e transgredido?

Cada religião sustentou suas trevas, seus infernos, sua escuridão e seu fogo punitivo da maneira que podia imaginar com olhos de luz.

Este livro não pretende estabelecer uma verdade absoluta sobre a religião de Umbanda ou outras de índole natural, ancestral e tradicional quanto à concepção das trevas, mas o objetivo é demonstrar uma organização dentro da onipotência negativa do Criador de Todos e de Tudo.

Quando o Criador é estruturado dentro da Umbanda, vemos um constante acionamento das Sete Linhas da Umbanda, dos Orixás, de suas influências e dos Guias Espirituais com suas intervenções.

O Criador, em sua ampla ação, mostra-se presente tanto na luz quanto nas trevas, onde a Lei Maior e a Justiça Divina encontram um braço executor na figura dos respeitados Exu, Pombagira, Exu-Mirim e Pombagira-Mirim. É essa Lei Maior clara, retificadora, que delimita os campos de ação irradiadores e concentradores da presença plena do Criador.

Deus (Olorum, ELE, ELA, TUDO), ao estar em todos e em tudo, também está no lado escuro da Criação. Esse lado é dissociado de Deus no seu aspecto iluminador, que é a polaridade positiva.

Logo, seu aspecto "assombroso" é a polaridade negativa.

Ambas as polaridades convivem em cada ser criado, dentro do útero sagrado do Criador, dual e onipotente. A onipotência do Onipresente pode existir no seu aspecto positivo, assim como no seu aspecto negativo. Sua onipotência negativa é o poder evolucionário do "sul" da consciência, porém, sua onipotência positiva é o poder evolucionário do "norte" da consciência.

Quando a Umbanda se construiu como um caminho evolutivo, o fez norteada pela onipotência positiva do Criador, em sua onipresença dentro dos preceitos da luz. Mas o nascimento da Umbanda não ignorou o aspecto escuro da Criação, tomando a figura das trevas como um lugar onde todo o negativo habita e evolui.

Ao pensarmos na evolução de um lado denso, concentrado e afiado, não podemos optar por resumi-la a um aspecto meramente sentenciador.

Sabemos que a história da humanidade nunca deixou de ter presente a manifestação retificadora de Deus, criando uma figura autônoma à qual foi designada a missão de ser responsável por muitos males que a humanidade carrega no traçado de seu destino.

Quando abraçamos a ideia da onipresença, vemos que Deus nos abraça na luz, nos elevando, e nas trevas, permitindo-nos sentir o peso de nossas decisões, escolhas, reações, caminhos assumidos — em muitos casos impostos por outras consciências.

Se a luz pregasse a onipresença pura do Criador, teríamos um desequilíbrio da onipotência desse Criador, por não arcar com seu próprio lado escuro. Por sua vez, optando pela onipotência de Deus em sua expressão sombria e contrária, o peso desequilibrante provocaria caos supremo na Criação.

Vemos que, de ambos os extremos, a própria Criação se complementa com seus contrastes e contrapesos, nos quais a consciência define com seus atos o caminho da onipotência que transformará seu destino em um fato.

Assim como a onipresença estudada de um ponto de vista teológico mostra uma organização, procedimento e estrutura que definem sua ética sagrada nos campos da "luz", a onisciência do Criador de Todos e Tudo também demonstra que, para um caos ter sentido, traz consigo uma ordem, mas que, aos olhos da luz, continua a ser um caos.

José Usher

2
Onipresença para Além da Luz

O tão comentado caos provém da interação evolutiva de consciências e criações que convivem em realidades paralelas, que alimentam ambos os lados da Criação. A Umbanda, de certa forma, separou a claridade da escuridão e as respectivas interações, dando espaço, na esfera positiva, àquilo que promove a luz e, na esfera negativa, ao que gera a escuridão.

E agora, o quanto é possível entender de "gerar escuridão"? Quando trabalhamos o conceito de essência, encontramos em várias correntes de pensamento que o ser humano provém de um Criador cheio de luz, em que a corruptibilidade é inadmissível em sua ótica perfeccionista por ser um Criador Onipotente. O problema reside quando este ser criado — o ser humano — começa a tomar decisões que abraçam fractais enegrecidos, os quais fazem de seu destino um desígnio de luminosidade e sombras. E, novamente, vemos que a onipresença do Criador não pode ficar estagnada ou paralisada unicamente em um espaço luminoso, pois também tem movimento nesse aspecto escuro.

Ao observar a multiplicidade desta perspectiva, podemos começar a compartilhar a atenção ao escuro, ao corrupto, ao errôneo, ao desequilibrado... O Uno pode nos falar da luz, mas o múltiplo pode nos demonstrar a ausência dessa luz.

E eis uma pergunta ambígua: se o ser humano, em essência, é luz, como pode nascer dele algo obscuro? E se algo obscuro nasce dele, como é possível falar sobre uma essência pura de luz? Não possuir, portanto, essência pura é a dualidade ou o caminho ideal para a expansão de sua evolução em face da Criação? E se ambas as partes são necessárias, por que não foi estudada com profundidade a fração que o desequilibra?

O estudo paralelo da escuridão foi reduzido a termos familiarizados na humanidade por meio de culturas, teologias e mitos: Inferno, Trevas, Esfera Negativa, Buracos, Fossas, Geena,[1] Forno de Fogo, Lago de Fogo,

---

[1]. Geena é uma referência ao Vale de Hinom, fora das muralhas de Jerusalém. O local era usado como depósito de lixo, imundícies e restos de animais, mas também onde eram despejados os cadáveres de pessoas consideradas indignas. Para queimar o lixo, mantinha-se fogo aceso com enxofre. Jesus usou esse vale como símbolo da destruição eterna.

Submundo, Naraka,[2] Helheim,[3] entre outros... Esta lateralização trouxe, em sua maioria, um consenso de que todo aquele que não cumprisse com a ética da religião ou crença seguida adentraria diretamente essa realidade, capaz de absorver o negativismo gerado por um ser humano que atentou contra suas leis sagradas ou profanas, as quais determinam aquilo que é "eticamente correto".

É aí que se refuta a intromissão de "zonas sombrias" entre os diferentes sistemas de crenças. Portanto, esferas trevosas que não estejam inseridas em um sistema de crenças não serão ativadas, nem utilizadas na hora de absorver negativismos do ser gerador. Esse ser gerador, que comete um erro contra uma pessoa que carrega outro sistema de crença, não será afetado por aquela escuridão que se encontra fora de seu sistema de crença, mas, sim, será executado dentro de seu sistema. É aqui que as ameaças de fanáticos religiosos, que afundam a humanidade alheia à sua fé, caem e se enfraquecem por não possuírem fundamento que sustente a onipresença das trevas ou inferno que eles mesmos alimentam.

Mediante esta análise, compreendemos que, para valorizar mais uma esfera negativa e seus componentes internos, devemos estudá-la como uma cocriação, na qual o ser humano gerador da luz e das trevas promove

---
2. Palavra sânscrita para o reino infernal nas tradições dhármicas. De acordo com algumas escolas do Budismo, Hinduísmo, Jainismo e Siquismo, Naraka é um local de tormento.
3. Um dos Nove Reinos da mitologia nórdica. Também é conhecido como o Reino dos Mortos ou Reino dos Ocultos.

a elasticidade das esferas negativas que abarcam milênios de erros, falhas, reiterações do mal e outros tipos de ações contra a tão bem afamada luz.

3
Sentidos Invertidos da Vida

A literatura umbandista renovou-se ao longo de muitas décadas, trazendo como fundamento os sentidos da vida e sua relação com os elementos da Natureza. Nesse caminho, baseou seu sustento energético em uma força sétupla que ficou conhecida com estes elementos e sentidos:

- **Elemento Cristalino:** Sentido da Fé;
- **Elemento Mineral:** Sentido do Amor;
- **Elemento Vegetal:** Sentido do Conhecimento;
- **Elemento Ígneo:** Sentido de Justiça;
- **Elemento Eólico:** Sentido de Ordem;

- **Elemento Telúrico:** Sentido da Evolução;
- **Elemento Aquático:** Sentido de Geração.

Além disso, cada elemento e sentido foram associados a Orixás que permanecem como Regentes Sagrados de tais uniões, atuando como administradores e zeladores do lado luminoso em companhia de Guias Espirituais, Guardiões e Guardiãs.

Observando os sentidos da vida, com uma ótica de onipotência negativa, cada sentido corrupto, em sua essência, passa a criar uma polaridade balanceadora da própria luz estabelecida em tais sentidos/elementos. Então, invertendo esses sentidos, podemos observar:

- **Elemento Cristalino Negativo:** Sentido de Fanatismo Religioso e Ilusão;
- **Elemento Mineral Negativo:** Sentido de Ódio e Traição;
- **Elemento Vegetal Negativo:** Sentido de Ignorância e Conhecimento Destrutivo;
- **Elemento Ígneo Negativo:** Sentido de Injustiça e Irracionalidade;
- **Elemento Eólico Negativo:** Sentido de Caos e Corrupção;
- **Elemento Telúrico Negativo:** Sentido de Deformação;
- **Elemento Aquático Negativo:** Sentido de Infertilidade e Suicídio.

O aspecto negativo e oposto dos sentidos da vida é um contrapeso da própria luz, estabelecida a partir dos sentidos da vida que constroem e edificam o ser humano como uma consciência em evolução.

Por um lado, podemos observar o impacto de uma Fé que liberta um indivíduo, oferecendo-lhe ferramentas de convivência com outras pessoas que pregam e praticam uma fé diferente. Por outro, vemos fanáticos religiosos usando um conhecimento invertido em sua interpretação para capturar em seu rebanho cristalizado todos os seres debilitados em fé, que passam a se fortalecer na visão unilateral de possuir o

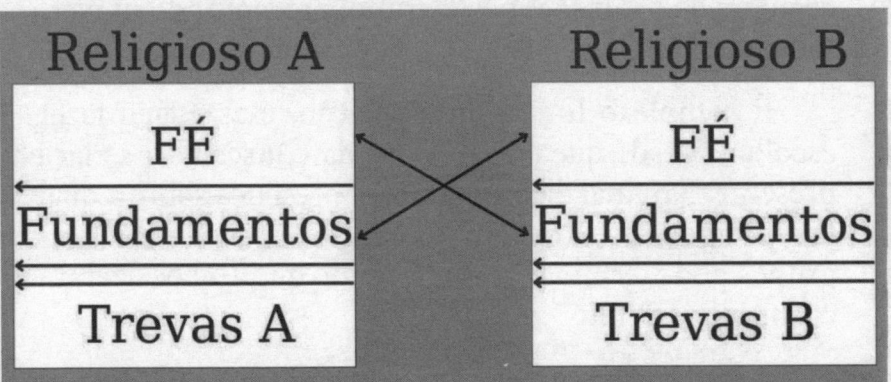

Figura 1
As trevas de cada ser crente desse sistema se envolvem a partir do momento em que um deles insere fundamentos de outras crenças, ampliando seus campos de ação e reação — neste caso, das trevas. Do contrário, a maldição do Religioso A não funciona contra o Religioso B pelo simples fato de que cada escuridão se limita à Fé que o criou. Logo, o inferno do cristão não faz efeito nas trevas do umbandista e vice-versa.

único caminho reconhecido pelo Criador "criado pelos criados". Ambos os grupos subsistem de maneira autônoma, cujo Criador não deixa dar-lhes um sentido para viver, para o Norte do universalismo ou para o Sul do monopólio religioso estabelecido por seus próprios fiéis.

Quem está errado?

Podemos nos comunicar por meio da onipresença positiva e dizer que esse grupo de fanáticos só tem uma distorção do real significado, ou podemos falar a partir da onipresença negativa, mencionando que existe uma cegueira de confusões nesse grupo, promotor do universalismo.

É complexo tomar uma posição, mas é fácil fazer escolhas, desde que o bem-estar da consciência se faça presente. No final das contas, essa presença sobre a qual falamos pode estar em ambos os lados, e a vida dos dois grupos pode terminar reconhecendo que ambos fizeram o caminho correto.

A internalização de um conceito que promova a existência de um caos organizado permite aceitar que haverá arestas afiadas e difíceis de manipular.

Então, um sentido da vida é uma forma de denominar um caminho a seguir para evoluir, mas está claro que existem outras denominações que só mudam em polaridade quando se estabelece uma finalidade a seguir.

O ser humano nasce em berço de luz pelo princípio da vida, inevitavelmente.

Uma fração de luminosidade jaz no recém-nascido. À hora que começa seu relacionamento com outro ser humano, também se inicia a dosagem da escuridão. À medida que ele é alimentado, potencializa-se algum dos lados em sua vida. Assim, há casos de indivíduos que já nascem com potencial para um caminho positivo e/ou negativo.

Ao observar cada sentido da vida, como elementos associados indiretamente, pelo fato de não serem obrigados a ser vividos ao mesmo tempo, entendemos que cada senda é autônoma em suas ações contrárias ou complementares, motivo que permite entender que pode haver isoladamente polarizações que atuam como um contrapeso.

Como foi dito, o ser humano não nasce neutro. Sua concepção é, inevitavelmente, marcada por um sentido chamado vida, ao contrário do seu destino, o qual pode ter sido consequência de um ato negativo entre um homem e uma mulher, unidos voluntária ou involuntariamente.

Durante a vida, esse ser humano carregará uma polaridade interna positiva e outra que pode variar de acordo com seu ambiente ou situação. Esse ambiente, por sua parte, pode ser altamente corrosivo e, mesmo assim, não danificar sua carga interna, que buscará o melhor caminho para que sua consciência evolua com as ferramentas que adquirir no futuro. Tais ferramentas, em contrapartida, serão as chaves para abrir portas para o mal ou para o bem. E, finalmente, o conflito entre ambas as partes é o que terá como resultado sua vida — bem ou mal vivida. Mas, independentemente do tipo de vida escolhida, nenhuma das partes deixará de receber recursos. O balanço dos atos provocados, gerados e/ou recebidos por esse ser humano, lançará o seguinte caminho que deverá trilhar, para atuar para o bem ou para o mal. É nesse ponto que a dualidade não se mistura, convive, nem se subtrai, mas, sim, se soma separadamente.

Será, portanto, um sentido de vida invertido uma forma de evoluir? Um ser evolui, desde que o ambiente no qual ele subsiste lhe ofereça os meios para alcançar novos graus de consciência. A luta incansável do bem e do mal por somar, cada um em sua forma, faz com que o meio em que subsiste o gerador desses dois caminhos deva ajustar sua evolução entre as sombras e luzes de suas próprias decisões. Quando falamos de novos graus usando a paleta de cores da onipresença, veremos graduações ascendentes e descendentes.

4
Caos Organizado

Perante os olhos da luz, as trevas possuem o caos em seu centro, o que traz a própria regressão dos sentidos da vida. Cada sentido corrompido em sua essência cria uma realidade que se multiplica durante o tempo que permanecer desordenado. Além disso, cada milésimo de segundo é multiplicado pela quantidade de pessoas que cometem um ato negativo em alguma parte do mundo e, paralelamente, por outras consciências unidas ao caminho evolutivo do ser humano e espiritual, localizadas em outras realidades.

Se tomássemos o caos como um estado da Criação, voltaríamos a perceber que, inevitavelmente, para ser uma via retificadora (ou ratificadora), deve haver uma ordem estabelecida e agrupada, a fim de definir o caminho evolutivo nos campos da escuridão.

O caos é composto por uma estrutura que permite conhecer o outro aspecto da Criação: o aspecto escuro, cortante, concentrado, punitivo e retificador.

O caos se estende por meio de três estados que lhe permitem caracterizar cada escuridão reinante, algumas reconhecidas pela Lei Sagrada do Criador. Esses estados se encontram agrupados em zonas:

- **Zona Escura Retificadora (+) (Z.E.Re.):** zona vigiada e acompanhada pela Lei Maior e a Justiça Divina;
- **Zona Escura Dualizada (||) (Z.E.D.):** zona habitada pelo ser humano e a realidade que o acompanha. Ambas as Leis intercedem;
- **Zona Escura Ratificadora (-) (Z.E.Ra.):** zona estabelecida para a vivência da escuridão plena, acompanhada pela *Lei do Poder Punitivo* e pela *Supremacia Ratificadora*.

Entende-se por zona os limites resguardados por cada Lei, contendo energia e consciência próprias. Após estas serem reconhecidas, classificadas e agrupadas, são atribuídos à zona uma esfera, domínio e reino, respectivamente, que atuarão em seu benefício ou prejuízo.

Cada zona agrupa consciências que evoluem dentro de si mesmas. Paralelamente, convivem neste processo caracterizado pelo caos organizado que ativa o princípio da dualidade do caos, que será mencionado mais adiante.

A intersecção de cada zona é aplicada no momento em que a escuridão é elaborada ou criada. A polarização dessa escuridão será dada por meio da ação e reação da consciência criadora dela. Cada parcela de escuridão que faz parte do caos organizado será reconduzida à sua respectiva zona, podendo migrar entre zonas, durante a sua vivência dentro do estado de dualidade.

Uma zona pode ser habitada por seres que respondem a diferentes leis, cuja divisão se aplica diante dos "olhos" da lei e seus componentes. Isso faz com que a Lei aplicada a um Exu não seja a mesma aplicada a um ser das trevas. E, tendo essa diferença na lei, não podemos julgar que uma é mais ou menos contundente que a outra, por atuar de maneira distinta perante essas consciências.

Uma vez que a zona é delineada pela lei, começamos a observar um caos que se organiza, categoriza, separa ainda na mescla e permite a convivência para desta tirar a aplicação da justiça. Assim como um Exu pode proteger o ser humano, também pode puni-lo, caso ele atente contra a lei que o mesmo Exu resguarda e protege.

Na contrapartida, está o caso de seres das trevas que protegem seus súditos na Terra; aqueles serão punidos se ultrapassarem a lei que os sustenta. Desse contexto, surgem as disputas entre um lado e outro, nas quais quem deve sempre prevalecer é a Lei que protege a ambos. Diante de tal ação, quando a lei é violentada ou corrompida, o caos se desorganiza. Isso não é nada fora do comum, acontece a cada instante em razão do livre-arbítrio que possui, principalmente, o ser humano, que faz de seu destino um acaso de ataques, defesas e contra-ataques.

Levando em conta que a Zona Escura Dualizada é a própria esfera terrestre, ela se converte na principal sustentadora das outras zonas citadas. Cada zona abriga consciências que encarnaram. A alternância entre zonas é aplicada por meio de reações e ações tomadas pela consciência ativa em questão. A permanência nessas zonas ocorre no final do ciclo de convivência energética. Esse ciclo de convivência se refere ao estado da própria consciência que se polariza perante sua crença, emoção, sentimento e raciocínio.

Claro que, tratando-se do ser humano, sua permanência na Z.E.D. está proporcionalmente unida ao tempo de vida na matéria, mas sua polarização diante das outras zonas se aplica ao ciclo de convivência energética predominante. Essas zonas alimentam a consciência diante da ação que às vezes essa mesma consciência toma, vibrando mais na Z.E.Re. algumas vezes e, em outras, na Z.E.Ra.

É nessa "alimentação mútua" que as zonas se fortalecem ou se debilitam com seus habitantes. É nesse intercâmbio que se iniciam disputas, discórdias, batalhas, internas e externas, cujo conflito varia segundo a zona que está em vantagem. Algumas zonas perseguirão o poder e a supremacia, outras o cumprimento de sua lei, outras ainda a ambição e inúmeros fatores que fazem, finalmente, somar ou subtrair suas fileiras de consciências.

A equação de uma zona e seus habitantes é muito variável em face do livre-arbítrio dos seres em questão, já que alguns acabam saindo de uma zona e mudando-se para outra. Sim, pode haver casos em que um Guia Espiritual abandone sua posição de Guia para se unir às trevas, e vice-versa. No caso das consciências que habitam a Z.E.Ra., elas podem se tornar moeda de troca ao se mudarem para a Z.E.Re. As batalhas citadas não têm o intuito de ampliar uma zona, mas, sim, de diminuir, atrofiar e corromper a zona contrária.

Partindo de uma perspectiva da Z.E.D., podemos observar que existem intersecções entre zonas e elementos. Por exemplo, imagine uma pessoa que cometeu um crime de corrupção. Em seu processo de vivência corrupta, toda a energia negativa acumulada interna e externamente com as partes envolvidas, sejam estas cúmplices ou prejudicadas, se acumularão durante essa etapa "ratificadora" de sua posição desequilibrada, recebendo o apoio da mesma área de cobertura, neste caso a Z.E.Ra. Se o destino dessa pessoa se cruzar com a aplicação da Lei da Z.E.Re., ela poderá vivenciar a aplicação da justiça dessa zona, portanto, sairá da proteção da Z.E.Ra. e passará a ser "retificada" na outra zona. Desse exemplo é possível ter uma análise comum das pessoas que observam a partir da Z.E.D.: "Como é possível que uma pessoa praticante de tantos delitos, ou que seja tão corrupta, caminhe impune pela vida, enquanto outras, por delitos menores, são castigadas...?" Aqui está a resposta. É o cuidado que a zona dá ao escravo/súdito/beneficiário passivo.

Há, ainda, zonas proporcionais às quantidades de elementos existentes, ou seja, sete zonas dualizadas, sete zonas retificadas e sete zonas ratificadas. Por sua vez, as combinações delas acontecem conforme a delimitação, baseada no elemento, na oferenda, no sentimento, no pensamento, etc.

As zonas são a base delimitante dos reinos e, portanto, dos domínios. Da mesma forma, as zonas se transformam em ferramentas que administram e complementam as próprias esferas negativas.

5
O Princípio da Dualidade do Caos

A punição potencializa o escuro e purifica a penumbra do erro cometido pelo defeito consciencial.

Dentro de uma esfera negativa, habitando como um ser em processo de moldagem, a exposição da consciência à forte transformação das trevas internas leva a uma retificação polarizada em duas instâncias: uma que compreende que a dor é uma aprendizagem, e que sobre essa dor se deverá construir aquilo que leve para o alto de sua evolução; já a outra parte compreende que a dor é uma energia potencializadora do desencanto pela luz, e tudo o que rodeie aquela consciência poderá colocar todo o sentimento negativo ou a ausência do próprio sentimento que acumule durante seu processo de moldagem, enrijecendo a essência que a livraria do tormento, por sua vez, fertilizando os campos da decepção para o alto.

Nessa instância da retificação fracassada pela sobrecarga do escuro renasce o outro caminho da dualidade, que é o de ratificar a escuridão para fazer dela uma fidelização pelo corrupto, quebrantável e irreparável. Mais cedo ou mais tarde, a lealdade da consciência começa a mergulhar no sentido luminoso e potencializa o ato de venerar o escuro que nela se despertou.

A ratificação é um processo novo para todo ser da luz, que, ao contrário dos princípios outorgados pelas religiões tradicionais, mostra existir no caos uma dualidade que promete outro tipo de recompensa, a qual não será de todo fácil para a consciência, mas no trânsito para o seu centro escuro será iniciada a descoberta de que também é possível evoluir nos estados mais espessos e desvirtuados da Criação.

Embora a neutralidade do Criador luminoso — que é estabelecida nesta parte da Criação — não anule o poder de sua onipresença para mostrar uma realidade completamente diferente ao ser ratificado no caos.

Sim, nova realidade para uma nova via evolutiva. E é nessa via que o caos possui princípios que transcendem conceitos padronizados de que a luz é a única via evolutiva.

Portanto, as trevas alojam consciências que necessitarão retificar seus atos e decisões para reencarnar ao

Norte de seus conceitos, ou mergulharão no sombrio momento do caos que as abraçará entre espinhos e prazeres, a fim de demonstrar-lhes que a conquista do escuro pesa tanto quanto o retorno à luz.

    Alguns podem questionar esta visão colocando uma ideia de que se um poder vai absorvendo tudo ao seu passo, nada nem ninguém poderá controlá-lo. Mas nem tudo o que absorve perde o controle por completo. Essa escravidão ou descontrole energético não deixa de possuir aquilo que a escuridão denomina como "libertinagem energética". Isso implica que a rebeldia é a ruptura com a escravidão que permite o desprendimento de obscuridades parciais, as quais se redistribuem em outras esferas, domínios e reinos.

    Este conceito abre caminho para entendermos que o livre-arbítrio significa o poder da escolha a partir de uma abordagem da luz, e que a libertinagem é o poder de tomar o que se conquista ou deseja a partir das trevas.

Quem está errado? Essa não é uma pergunta adequada para tal situação. O ideal é questionar: de qual lado se deseja evoluir?

    A Lei é uma palavra que, se observada de um ponto escuro ou confuso, pode ser corrompida. Mas entendemos que uma Lei estabelece regras. Então, assim como a luz estabelece para si a existência de uma Lei Maior, a qual, por sua vez, possui um braço executor chamado Justiça Divina, também verificamos que a Lei do Poder

Punitivo propõe um castigo ao fraco usando sua supremacia que ratifica seu "*status* escuro".

Isso leva a vermos disputas que acontecem nas próprias trevas para a conquista de maior poder, tirando de alguém seu lugar. Essa situação implica transformar esse ser em um aliado para servir ou em um escravo para obedecer. Mas, está claro que, cedo ou tarde, esse "escravo" buscará sua revanche com o desejo de executar a "supremacia ratificadora".

É importante ressaltar que as trevas assumem a luz como uma oportunidade para transgredir, pela tentação despertada de possuí-la por conta própria, obscurecendo-a. Igualmente, a luz enxerga na escuridão um bem divino tomado pelo mal, e vê que seu dever (da luz) é ter a sabedoria e a paciência para trazê-lo de volta para onde ela acredita que ele pertence.

Nas trevas não há abuso, somente excessos. O excessivo não é um abuso, mas o uso reiterado da força da libertinagem. A libertinagem não é nada incorreta dentro dessa Lei Negativa, apenas se trata de mais uma ferramenta utilizada para a conquista ou a escravidão. E a conquista não é propriamente uma ambição, porém, um elemento para sobreviver em uma dinâmica incontrolável no seu aspecto mais violento e caótico. E esse aspecto não se limita apenas ao punitivo, mas também ao estratégico.

Por falar em estratégias nas trevas, não se deve estranhar esta palavra, já que a própria supremacia dá a habilidade de evolução em um ambiente tão deturpado. Porém, tal deturpação somente surge quando se olha para essas trevas com a lente da luz, embaçada com a ideia de ser o único lado da Criação ideal para evoluir.

É, portanto, importante reinterpretar a onipresença da Lei Divina em ambas as polaridades que atribuem um conceito.

Anarquia da libertinagem

Só existem proprietários de ações e reações. A lei que os vigia é própria do individualismo, em que se traça aquilo que está acertadamente incorreto enquanto não se assume o que foi ativado.

A ausência do controle abraça o descontrole possuído. O descontrole do desconhecido se apazigua na assunção plena dos atos.

Quando esse ato se assume como tal, chega a hora do ajuste da tal liberdade não condicionada. A liberdade finalmente não possui dono em tais esferas negativas, mas isso não priva nenhum dos donos de realizar o que desejam. Por tal ausência de controle, a libertinagem se torna uma folha de vários gumes que separam os fracos dos portadores do poder que souberam controlar.

Ninguém nasceu no mal com o controle pleno de seus atos; eis o individualismo sob a luz da libertinagem. Isso claramente divide os grupos entre os afetados ou os beneficiados.

É por essa razão que o mal é uma palavra sutil que separa os que conquistaram parcialmente a liberdade, a qual devem defender, a fim de que não se convertam em libertinagens alheias, cujo controlado passa a ser condicionado.

A coroa da libertinagem é, portanto, a luta imposta pela liberdade individual.

É, portanto, um ser das trevas uma antidivindade?

Quando enfrentamos a luz diante da escuridão, não só podemos apreciar efeitos contrários, mas também caminhos evolutivos contrários ao conceito da luz instalado na consciência coletiva, como um caminho que, em longo prazo, persegue essa consciência. A grande luta se firma naquele lado que estabelece seu poder como fim movimentador, diante de decisões, ações e caminhos construídos pelo ser humano.

Quando falamos de Divindade (neste caso, podemos falar do Orixá), concebemos a ideia de uma divindade que possui atributos do grande Criador de Todos e Tudo. É a partir dessa concepção que conhecemos e reconhecemos o Orixá como um caminho luminoso pelo qual cada ser humano deseja caminhar.

Agora, levando a "ética luminosa" como um conceito arraigado na área clara, transparente e ordenada do Orixá, entendemos que o constante renascimento dessas divindades no dia a dia permite exercer a moral como um dos estandartes evolutivos.

Se bem que isso é o que se ensina por meio do tempo e do exemplo. Logo, não podemos deixar de citar os grandes holocaustos vividos pela humanidade, em que o antiético ou o amoral levou a condução punitiva de muitas consciências para o caminho do sofrimento, seja pela ignorância, seja pela malícia decorada com antivalores que, assim como as virtudes, não deixam de manifestar-se sobre a Terra.

Mas que força permite enraizar esta concepção, de maneira "voluntária" ou não, nesta faixa neutra que se polariza com o destino de cada ser vivo? É, pois, o próprio ser, religioso ou não, fonte inesgotável que gera tanto a luz quanto a escuridão, que permite reproduzir seu livre-arbítrio e libertinagem.

Quando falamos, portanto, de um Antiorixá, nos referimos aos espelhos negativos ou invertidos destas manifestações luminosas do Criador de Todos e Tudo.

A concepção cristã de um inferno onde se aglomera o mal ou contrário às leis da vida prometeu que o único caminho evolutivo é para o Norte, até o Oriente que se expande no zênite da terra prometida por religiões e correntes de pensamentos.

O que acontece quando se considera que, por meio da onipresença do Criador, a evolução não é uma questão de direção, mas, sim, de escolha?

Eis a grande encruzilhada dual da vida diante da morte, em que o amoral e o antiético também são uma moeda de troca para consciências que não podemos medir, nem controlar, para além da classificação de ser algo mau ou bom. Mas nessa divisão, que não encerra o círculo da onipresença, nós viemos, por meio deste livro, revelar um olhar obscuro, porém sagrado, de que o Criador também se expande para baixo, ao Sul, ao nadir.

Desde o momento em que o antiético defende sua posição, mostrando que o imoral para alguns é moral para outros, entramos em uma rua sem saída. Afinal, qual lado é o correto?

Aí, respondemos: correto é o lado que lhe permite estender suas virtudes ou seus vícios para conquistar, compartilhando ou retirando-os.

Por trás de toda a geração de espíritos negativos ou voltados às trevas, escondem-se no silêncio grandes divindades portadoras da escuridão que desencaixam a concepção humana de ascender e defendem a descoberta do descender.

Esses "Orixás Invertidos", que não se restringem à palavra Orixá, trazem sua própria "iluminação" da escuridão que os envolve.

Neles, se deposita e se atribui todo tipo de aberração diante da vida, do conhecimento, do amor, da liberdade, da reprodução, da fé e outros significados que compõem o caminho dos sentidos da vida.

Agora que estamos diante de uma quebra de paradigma em relação à luz, podemos começar a visualizar que o caos visto da luz para baixo é a ordem estabelecida e regulada pela lei citada anteriormente: a Lei do Poder Punitivo e a Supremacia Ratificadora.

A partir destas linhas, pedimos que sejam colocados os óculos separadores dos conceitos da luz, não para rejeitá-los, mas para avaliá-los a partir das trevas, ou melhor, das esferas negativas.

O mal não é mau, se o mal tenta apagar outro mal ou absorvê-lo. Quando esse mal é absorvido por um mal maior, passa a ser supremo, mas essa supremacia não é eterna, porque poderá haver outras disputas futuras que o dividam ou absorvam. O movimento inquietante e cortante do mal mostra que finalmente a Criação não permanece estática, nem sequer no "escuro" ou contrário.

Assim como há um sentido que permite avançar o tempo, o mesmo também existe nas esferas negativas, onde a temporalidade não se mede só no passar de ciclos, mas igualmente na conquista de cada milésimo de segundo que se perde diante dos olhos humanos, por não compreenderem que uma fração ínfima de tempo encerra um grande universo paralelo e invertido de sua própria realidade.

Essa realidade não está ligada à luz, mas convive na harmonia das separações, em que cada uma segue seu caminho. E quando nos referimos a caminhos, queremos dizer que a luz cuida de seus desejos, tal qual faz a escuridão ou as trevas.

Essas divindades negativas denominadas "Antiorixás" não buscam filhos, mas poderes supremos que regulem o funcionamento de sua realidade por meio da intervenção, tanto no plano físico quanto no plano espiritual. Como as divindades invertidas não reconhecem o humano como uma essência de luz, mas, sim, como uma base promissora da escuridão, possuem toda uma estrutura que potencializa a parte negativa ou recessiva das consciências, influenciadas por seus intermediários, os mal-afamados seres das trevas.

Esses seres das esferas negativas tanto não passaram pela Terra, como não tiveram oportunidade de encarnar, concentrando seu caminho evolutivo exclusivamente na parte escura da Criação, onde também se pode "evoluir".

Existiram conceitos de involução defendidos pela luz, mas esta ideia está limitada exclusivamente ao parecer "luminoso" de que o Criador é pura luz, sabendo que sua onipresença o leva obrigatoriamente a ser também pura "escuridão". Portanto, se voltarmos nossa atenção a esse canto esquecido da Criação, ele deixa de parecer ignorado quando um simples mortal encarnado começa a ir contrariamente à ética que lhe permite se classificar como boa pessoa, bom cidadão, bom integrante da família, e assim por diante.

Basta, portanto, uma simples ação contrária às virtudes e aos valores para alimentar aquela parte da Criação. E, no final, perguntamos: "O que se alimenta mais?".

Se algo é alimentado, pode crescer, expandir-se e estender-se, tanto de forma harmônica quanto atrofiada e, claro, podemos dizer que o excesso de luz em um ser que retém escuridão em sua retina de compreensão pode chegar a ter a vista nublada, sem a devida clareza para continuar com esse caminho evolutivo.

Aí caem tantos líderes religiosos que, tendo uma porção maior de luz, acabam desviando sua atenção para obscuridades internas maquiadas com tonalidades de desculpas, em que a silhueta do ego passa a ser grande candidata para os "Antiorixás".

Portanto, Antiorixá é algo indigno quando ele não é reconhecido e passa a aborrecer sua concepção, assumindo que o único caminho evolutivo é o Orixá. Mas, em face da mínima porção de fanatismo religioso, alimentamos novamente esse "Antiorixá".

Não é um caminho isento de falhas. Cada erro cometido contra o justo ou correto soma mais uma porção de escuridão. Isso encerra a conclusão de que o escuro não deixa de se alimentar, e a distribuição, a organização e a captação de tal "alimento" são conduzidas por forças supremas que governam essa obscuridade aqui mencionada.

Refletir sobre a vida pode parecer ficar feio! Porque pensar demais sobre a própria vida convida não só a passar de longe pelos detalhes, mas também a viver nesses detalhes para entender que a vida não necessita ser vivida de maneira fugaz.

Em vez de seguir a corrente da pressa, do desespero, do entusiasmo vertiginoso... Às vezes, fazer a curva com mais calma faz com que tanto perdure o sabor da doçura da luz quanto a acidez das trevas.

6
Esferas Negativas da Criação

O agrupamento energético sempre se mostrou como uma lei tácita de ordem ou categorização que, de certa forma, permite uma evolução organizada da realidade. Na Umbanda foi demonstrado que essa ordem se deu por meio da conglomeração de elementos associados a atributos, cores, sentidos da vida, etc.

Uma esfera, dentro do conceito teológico, abarca o movimento de cada grau cardeal em um sentido horário ou anti-horário, dependendo do tipo de energia administrada, tendo o nascimento de cada ponto ou movimento no que denominamos o Criador.

Nesse caso, uma esfera negativa é composta por graduações descendentes, cujo múltiplo de sete demonstra uma base setenária das trevas e o nascimento de cada grau parte do Onipresente, que também se reflete na própria esfera positiva, ao mesmo tempo.

As esferas negativas ocupam um lugar fundamental nas trevas, outorgando ao desequilíbrio visto pela luz um lugar organizado dentro do caos externo possível de apreciar. Cada esfera negativa é autônoma em sua forma de agir, mas todas convergem entre si, resultando na combinação de elementos e sentidos invertidos da vida. O objetivo dessa convergência é abranger todo o espectro de ações ativas e decisões passivas. Sendo cada uma, por sua vez, elementos associados ao destino da consciência que gera e alimenta essas esferas; nos referimos ao ser humano.

Vendo por essa ótica, surge o questionamento: afinal, uma esfera é alimentada e sustentada por meio da própria energia humana? Em parte, dizemos que sim. A humanidade alimenta as esferas positivas e negativas. Essa alimentação não cessa, já que o livre-arbítrio que veste a consciência do ser humano vive gerando elementos que devem ser agrupados, classificados, concentrados, amalgamados, fracionados, separados, unidos, potenciados, debilitados, etc.

Mas qual é a maior diferença existente entre alimentar uma esfera negativa frente a uma positiva? É o poder "gravitacional" do centro de cada esfera. Em seu centro, uma esfera negativa possui uma sobrecarga negativa tão alta, que é mais fácil encontrar um ser humano cometendo um erro que realizando uma dádiva. Não estamos promovendo o pessimismo, mas deixamos de tapar o buraco com as folhas de persuasão que a própria luz coloca. Porém, cuidado! Não se trata de uma fraqueza da luz ou de uma fortaleza das trevas, mas das escolhas que predominam na consciência curiosa, ingênua e inocente do ser humano.

Como essas esferas são vistas a partir de uma perspectiva da Umbanda, e estão sendo reveladas pela primeira vez para os seres humanos, podemos classificar as esferas negativas da seguinte maneira:

- 7ª Esfera Negativa Aquática
- 6ª Esfera Negativa Telúrica
- 5ª Esfera Negativa Eólica
- 4ª Esfera Negativa Ígnea
- 3ª Esfera Negativa Vegetal
- 2ª Esfera Negativa Mineral
- 1ª Esfera Negativa Cristalina

Por sua vez, cada esfera está relacionada a um sentido invertido ou negativo da vida:

- 7ª Esfera Negativa Aquática ou de Infertilidade e Suicídio
- 6ª Esfera Negativa Telúrica ou da Deformação

- 5ª Esfera Negativa Eólica ou do Caos e da Corrupção
- 4ª Esfera Negativa Ígnea ou da Injustiça e da Irracionalidade
- 3ª Esfera Negativa Vegetal ou da Ignorância e do Conhecimento Destrutivo
- 2ª Esfera Negativa Mineral ou do Ódio e da Traição
- 1ª Esfera Negativa Cristalina ou do Fanatismo e da Ilusão

A presença da esfera negativa aquática como a primeira a ser nomeada se dá em razão da polaridade invertida apresentada em seu contrapeso com as esferas positivas, que têm como última manifestação o elemento aquático. Além disso, nas esferas negativas a descida é a ascensão desse elemento.

Para continuarmos avançando na compreensão do funcionamento das esferas negativas, é importante repassar a multiplicidade do ser humano dentro da escala numérica evolutiva. Sabemos que a Umbanda é uma religião setenária em sua base criacionista. Ainda, que ela existe operacionalmente por meio da intervenção de homens e mulheres. Analisando o movimento energético desses dois componentes, vemos dois gêneros que, distribuindo a dualidade entre si, relacionam-se para gerar uma matéria-prima que foi, é e será utilizada por ambos os tipos de esferas.

Neste quaternário, unido pela essência da unidade, verificamos que cada esfera tem sua própria unidade e, ao mesmo tempo, a ausência dela, na vacuidade do não explorado. E é nelas que jazem quatro pontos sagrados, agrupados ou centralizados pela polarização desses pontos. Referimo-nos aos Mistérios: Exu (++), Pombagira (-+), Exu-Mirim (--), Pombagira-Mirim (+-).

+ Ativo + Agressivo	Mistério Exu: Ativo Agressivo
- Passivo + Agressivo	Mistério Pombagira: Passivo Agressivo
- Passivo - Defensivo	Mistério Exu-Mirim: Passivo Defensivo
+ Ativo + Agressivo	Mistério Pombagira-Mirim: Ativo Agressivo

Tudo o que é ativo e/ou agressivo influencia diretamente a realidade de uma consciência ou elemento criado.

Por outro lado, tudo o que é passivo e/ou defensivo é visto como uma via de retificação ou ratificação para uma mudança de polaridade.

Cada arquétipo energético citado resguarda consigo um Mistério Maior, que se vai desfragmentando segundo o elemento e o sentido da vida que carrega. Temos, então:

- Exu — Mistério da Vitalidade
- Pombagira — Mistério do Estímulo
- Exu-Mirim — Mistério do Caos

- Pombagira-Mirim — Mistério da Ilusão

Continuando com a classificação, observamos a seguinte estrutura:

No Mistério da Vitalidade

- 7ª Esfera Negativa Aquática Vitalizadora de Infertilidade e Suicídio
- 6ª Esfera Negativa Telúrica Vitalizadora de Deformação
- 5ª Esfera Negativa Eólica Vitalizadora do Caos e da Corrupção
- 4ª Esfera Negativa Ígnea Vitalizadora da Injustiça e da Irracionalidade
- 3ª Esfera Negativa Vegetal Vitalizadora da Ignorância e do Conhecimento Destrutivo
- 2ª Esfera Negativa Mineral Vitalizadora do Ódio e da Traição
- 1ª Esfera Negativa Cristalina Vitalizadora do Fanatismo

No Mistério do Estímulo

- 7ª Esfera Negativa Aquática Estimuladora de Infertilidade e Suicídio
- 6ª Esfera Negativa Telúrica Estimuladora da Deformação

- 5ª Esfera Negativa Eólica Estimuladora do Caos e da Corrupção
- 4ª Esfera Negativa Ígnea Estimuladora da Injustiça e da Irracionalidade
- 3ª Esfera Negativa Vegetal Estimuladora da Ignorância e do Conhecimento Destrutivo
- 2ª Esfera Negativa Mineradora Estimuladora do Ódio e da Traição
- 1ª Esfera Negativa Cristalina Estimuladora do Fanatismo

No Mistério do Caos

- 7ª Esfera Negativa Aquática Caótica da Fertilidade e da Vida
- 6ª Esfera Negativa Telúrica Caótica da Evolução
- 5ª Esfera Negativa Eólica Caótica da Ordem
- 4ª Esfera Negativa Ígnea Caótica da Justiça
- 3ª Esfera Negativa Vegetal Caótica do Conhecimento
- 2ª Esfera Negativa Mineradora Caótica do Amor
- 1ª Esfera Negativa Cristalina Caótica da Fé

No Mistério da Ilusão

- 7ª Esfera Negativa Aquática da Ilusão Reprodutiva
- 6ª Esfera Negativa Telúrica da Ilusão Evolutiva

- 5ª Esfera Negativa Eólica da Ilusão Ordenadora
- 4ª Esfera Negativa Ígnea da Ilusão Balanceadora
- 3ª Esfera Negativa Vegetal da Ilusão Expansora
- 2ª Esfera Negativa Mineradora da Ilusão Concebível
- 1ª Esfera Negativa Cristalina da Ilusão Congregadora

Cada Mistério Maior se entrelaça a outro, compartilhando os domínios e os reinos, concentrados nas ditas esferas.

Cada Esfera se encontra polarizada em duas extremidades: de um lado, o polo -- (negativo/negativo), que responde à Lei do Poder Punitivo e à Supremacia Ratificadora; por outro, o -+ (negativo/positivo), que responde à Lei Maior e à Justiça Divina.

A Umbanda deixa aberta a compreensão, bem como o uso da força que nasce no lado -+ dessas esferas, nas quais podemos encontrar os reconhecidos Exus, Pombagiras, Exus-Mirins e Pombagiras-Mirins.

Embora não tenha sido revelado o nome das Divindades Negativas que resguardam o lado negativo (-) das esferas, seus operários se encontram ativos em diferentes congregações voltadas para o culto da escuridão, que devem reinar acima da luz.

Lúcifer, reconhecido como regente da Esfera Cristalina Negativa, é um dos muitos Regentes ou divindades negativas que se encontram abertos à humanidade. Mas podemos confirmar que ele é um dos inúmeros Regentes que habitam outras esferas negativas. Cada divindade negativa traz em sua base um potencial negativo que oferece inúmeras portas para o poder e a supremacia, bem como o caos e a destruição da luz.

O maior erro humano é supor que as trevas servem apenas para deslocar a evolução, quando, na realidade, são feitas para trilhá-la como uma via de evolução escura. Então, dizer que Lúcifer é o maior ser das trevas é correto, desde que se fale da Esfera Cristalina Negativa, não observando as demais. Ele, Lúcifer, é o regente responsável por tal esfera e ponto-final.

Quando comentamos sobre organizar a escuridão, estabelece-se uma ordem ao caos, para potencializar sua evolução "invertida" diante da luz, mas não é assim diante das trevas. Quando se observa a estrutura negativa das esferas que fazem parte da Criação, encontramos uma organização potencializada no regime do caos e do poder reinante, em que se estabelece uma lei do inconquistável.

7
Reinos

Um reino contém inúmeros domínios, os quais abarcam números espíritos que resguardam o Mistério que sustenta os domínios agrupados em um reino.

Cada reino é resguardado por um Guardião Maior, que responde aos Regentes das Esferas Negativas. Eles são encarregados de defender, proteger e executar os Mistérios que colocam lugar nessa posição.

Os reinos estão estruturados para abrigar domínios onde estão contidos os conhecidos Guias Espirituais de Esquerda e consciências que respondem a outras matrizes religiosas e não religiosas. Além disso, é possível considerar que os locais de punição ou retenção de consciências provenientes da Z.E.D. aglomeram-se nesses respectivos domínios após haverem atentado contra a lei que as rege. Os reinos foram criados para serem distribuidores do Mistério Maior, o qual está relacionado com a Esfera Negativa que o contém.

Dentro da Umbanda, Quimbanda e outras religiões ou cultos tradicionais, há vários reinos conhecidos por nomes simbólicos. Daí, vem a compatibilidade de que um cristão punido pode estar em um mesmo reino que um umbandista punido, embora não estejam misturados, pois os domínios os separam.

Eles atentaram ou vibraram no aspecto negativo desse reino, mas são os mesmos, agrupados e separados em domínios. Um cristão possui em sua cosmogonia um estereótipo de ser negativo que coexiste junto ao estereótipo de um umbandista, um hinduísta, um muçulmano, se assim por diante.

Isso mostra que tanto as religiões naturais ou ancestrais, que encontram na natureza o Criador, quanto aquelas de ordem mental, que encontram no homem um representante do Criador, podem conviver no seu processo punitivo, mas não se misturam na justiça aplicada.

Na *Figura 2*, podemos observar que existe um reino relacionado com a Lei Maior e a Justiça Divina, e outros reinos que reconhecem a Lei do Poder Punitivo e a Supremacia Ratificadora. Pode haver vários reinos que respondem a uma Lei, assim como outros que reconhecem a outra Lei, mas nenhum deles se contrapõe ou se sobrepõe, tendo a devida ordem para executar seus processos diante das limitações que as Leis colocam.

ESFERA NEGATIVA AQUÁTICA

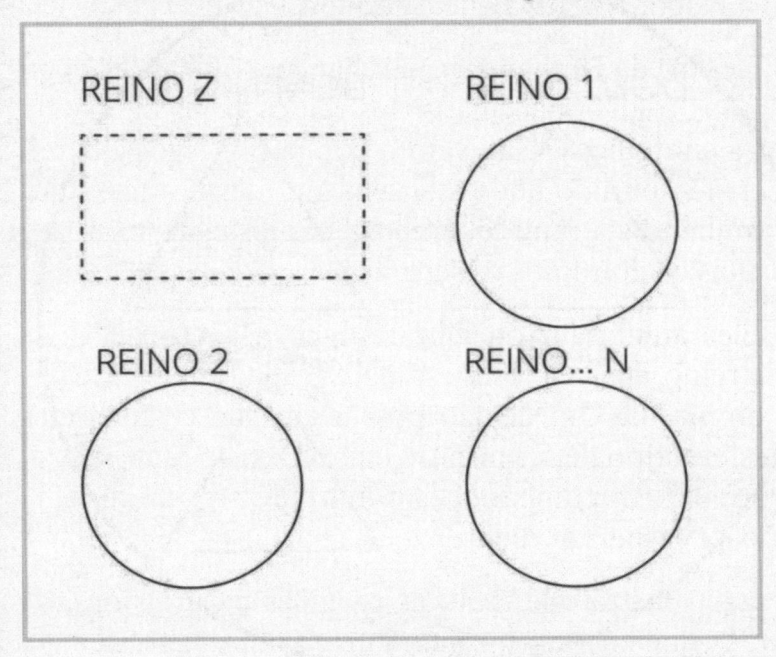

REINO Z

REINO 1

REINO 2

REINO... N

Figura 2

Reinos distintos convivendo em uma mesma esfera.

Um reino pode abrigar os Guardiões que trabalham como anexos da Lei Maior e da Justiça Divina e, também, as consciências que rendem sua lealdade à Lei do Poder Punitivo e à Supremacia Ratificadora. Neste caso, novamente o que os separa são os domínios.

Ademais, existem reinos plenos na Lei que os vigia e reinos mistos que contam seu diferenciador nos domínios. Isso demonstra que aqueles cultos em que

REINO 1

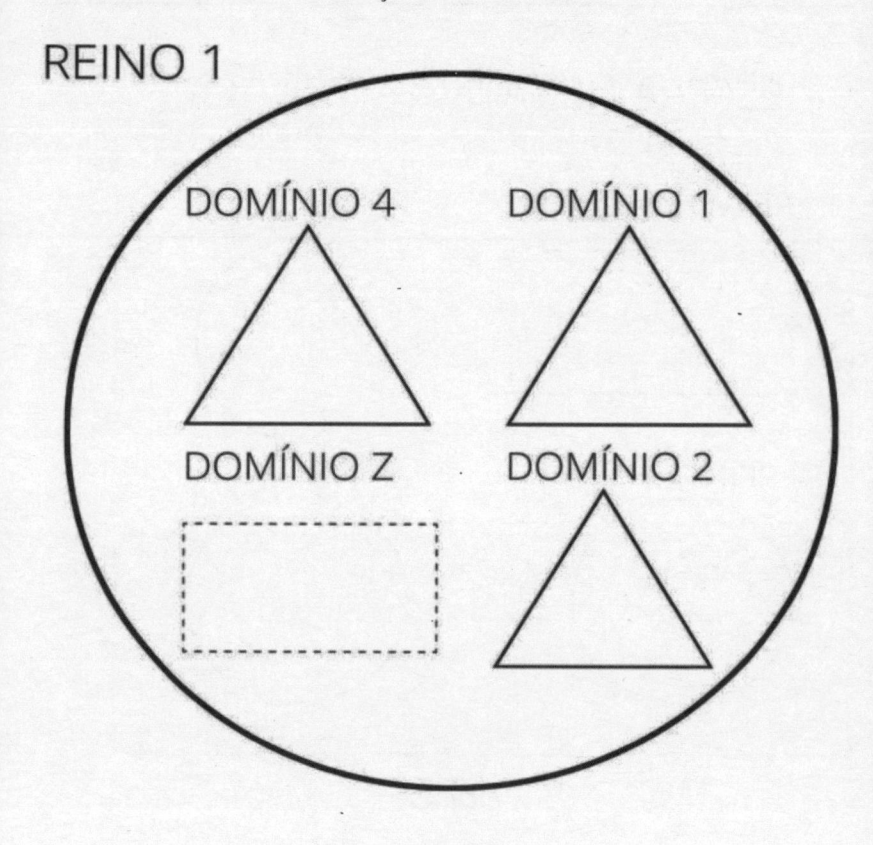

Figura 3

Domínios distintos convivendo em um mesmo Reino. Nesse caso, é muito comum observar o trânsito de um Kiumba submetido ao Domínio Negativo associado à Lei do Poder Punitivo, o qual é utilizado como ferramenta dentro de um Domínio que responde à Lei Maior e à Justiça Divina. O intercâmbio ou a negociação passam por ampliar o campo de ação, independentemente da Lei que se necessita ativar ou desativar.

se fundem objetos, divindades ou elementos de outras correntes de pensamentos podem integrar-se mediante esse fator comum, tendo, portanto, Reinos similares, mas domínios diferentes.

Isso se aplica aos casos em que um mesmo Mistério alimenta duas cosmogonias diferentes, por exemplo, o caso de Exu da Morte e a Santa Morte — a primeira é uma figura reconhecida perante a Umbanda ou Quimbanda e, a outra, reconhecida pela fé cristã. Ambas se localizam no mesmo reino, mas em domínios distintos.

Outro exemplo é a figura de Belzebu (*Baal Zebub*), que, por um lado, é um ser evocado nos cultos de Magia Negra, mas, por outro, criticado segundo a cosmovisão cristã; da mesma forma, essa figura é trazida na força da Quimbanda e da própria Umbanda. Nenhuma delas se encontra incorreta em sua interpretação, mas separadas em sua veneração, assim como em sua capacidade de agir.

Avançando um pouco mais, esse mesmo nome pode ser punitivo em sua totalidade dentro de um sistema de crença, bem como colaborativo e protetor em outra, o que o diferencia em seu agir é o domínio e/ou reino que o abriga. Dito isso, o reino pode ser Belzebu, já o domínio pode ser: Exu Belzebu, Exu Belzebu do Cemitério, Tatá Belzebu, etc.

Ao observar esse paralelismo, podemos entrar no uso de objetos ativos em um domínio, mas não em outro. É o caso de um sacrifício animal, reconhecido em um sistema de crença, porém em outro não. Daí a importância de reconhecer quem vigora dentro desse culto e quem não.

8
Domínios

Para compreendermos os domínios, é importante entrar no princípio da dualidade do caos, citado no capítulo 4.

Um domínio possui em seu núcleo dois aspectos de vital importância na hora de catalogar o tipo de espírito que abriga, assim como outras consciências e seres próprios do reino.

Por um lado, a Lei Maior e a Justiça Divina mostram que elas têm seus Guardiões e suas Guardiãs no lado retificador da evolução. Por outro, sob a regência da Lei do Poder Punitivo e da Supremacia Ratificadora, jaz a evolução invertida. Isso gera uma "ordem" nas comunidades que convivem dentro do próprio domínio.

Quando um domínio é estudado, observa-se que em um mesmo "hábitat" se encontram consciências sob o regime da Lei Maior e da Justiça Divina, além de outras sob o regime da outra Lei citada.

Cada lei estabelece regras claras quando se trata de operar por meio de um domínio.

Já vimos essa divisão ser bifurcada no início das esferas negativas. Sua separação ou paralelismo se repete tanto nos reinos quanto nos domínios.

Cada domínio se encontra em menor ou maior escala apenas dentro de seu reino. Nenhum deles pode ser maior que um reino, mas, sim, um domínio pode abranger mais espaço que outros domínios.

Cada domínio pode contar com a regência e o amparo do Guardião, Demônio, Exu, Tatá, etc., todos coroados no poder realizador de seu domínio. Coroar um Guardião ou Guardiã não é algo exclusivamente reservado à Lei Maior e à Justiça Divina. Da mesma forma que existem domínios invertidos, há Regentes neles. Esses domínios passam a trilhar a busca pela sobrevivência, bem como a supremacia conquistada acima dos domínios relacionados ou não com a Lei que os protege.

Essa Lei negativa não extrapola suas ações, por ter sua delimitação ao que cada esfera lhe proporciona como campo de ação. Mas a operacionalidade de cada domínio é completamente livre em sua ação na hora de invadir reinos ou domínios alheios. Sim, há uma batalha permanente em uma terra onde as conquistas e reinados podem ser temporários, mas a evolução é constante. Assim como a evolução nos domínios luminosos ou das esferas positivas se dá na descoberta do conhecimento e na pureza do amor, nas esferas mais baixas, ela ocorre por meio da explosão do poder, usando o conhecimento negativo que exalta o ódio ou outro sentimento contrário à própria vida. Um domínio negativo não conduz a uma nomenclatura propriamente dita da Umbanda, ou seja, não pode se fechar às trevas em nomes como os de Exu, Pombagira, Exu-Mirim e Pombagira-Mirim. Esses outros seres podem ter nomes similares, mas não os levam a ser iguais. Pode haver tanto um Exu Marabô como um ser Marabô. Ambos convivem em um mesmo reino, que reflete o nome, mas evoluem em domínios diferentes.

Também há o caso de consciências que não respondem a nenhuma das duas leis ativas nas trevas. São seres que ainda não foram tomados por Mistérios e percorrem as trevas sem nenhum tipo de energia potencializada, ou seja, são seres aptos a se tornarem escravos ou serem resgatados. Na Umbanda, usaram o termo *Egum*, que em sua base etimológica não tem uma relação com o tipo de espírito perambulante. Alguns também o chamam de *sofredor*, o que se aproxima melhor do que realmente é. Em ambos os casos, são seres que carregam desequilíbrios mentais e emocionais úteis para aqueles seres com consciência dentro das trevas.

Um domínio pode possuir todos os elementos da Natureza, mas sempre predomina um ou mais com relação direta ao nome, nesse caso, dos integrantes desse reino. Cada domínio possui um elemento principal que o regente responsável resguarda como cetro conector entre seu reino e o domínio. Esse cetro é a ambição de qualquer regente de outro domínio. Há, ainda, domínios que não possuem cetros, mas estabeleceram sua dominação mediante a supremacia de poder no campo de batalha, e foram ganhando escravos e aliados por meio da luta intensa — e extensa — com outros domínios.

Além do cetro, existem outros elementos igualmente importantes, como o ovoide, já citado em outras revelações.

Ao falar sobre o ovoide dentro de um domínio, é importante ressaltar que a luta incessante entre os seres das esferas negativas pode se dar por três motivos: poder, escravos e ovoides. Quando falamos de poder, voltamos nossa atenção à conquista de domínios, à aquisição de Mistérios invertidos, à evolução das próprias forças internas e ao reconhecimento da Lei que os protege.

Já sobre os escravos, não apenas focamos a quantidade, mas também a obtenção de ex-Regentes que já estejam mais despertos em relação a seus Mistérios que seus súditos.

Por último, encontramos a denominação ovoide. Bem sabemos que cada ser criado traz em seu centro uma fonte de energia que é o sopro vital do Criador.

Essa fonte vai desdobrando sua energia pela vivência de vidas que vão levando-a para a evolução ascendente ou descendente. É na luta entre as duas correntes que podem ocorrer certos tipos de desequilíbrios, convertendo-a em uma fonte altamente agressiva. É nesses casos que os seres das trevas lutam incansavelmente para obtê-la.

Um ovoide é o acesso mais profundo à configuração da alma. A alma, por sua vez, é o alicerce evolutivo de uma consciência. O ovoide traz aquele líquido vital capaz de tudo e possui a peça faltante do despertar de um poder maior. Como cada ovoide é diferente, existem casos de ovoides mais desenvolvidos que outros, em razão do que tenha vivido o portador do dito ovoide. Graças ao grande poder realizador do ovoide há fortalezas, blocos de proteção, fossas e várias outras estruturas sustentadas por ovoides abertos para tal função. Mas nem todos os reis ou rainhas têm a capacidade de despertar esse elemento. São os grandes magos da escuridão que possuem a chave iniciática que abre ou fecha o fluxo energético desses ovoides.

É claro que isso não impede que alguns seres capturem ovoides para usá-los como moeda de troca para obter passagens temporais entre um reino ou domínio alheios ao seu Mistério. Dificilmente é possível encontrar o lugar onde os Regentes escondem os ovoides; às vezes, podem fazer parte do lugar no seu cetro, mas esse cetro também está oculto dentro do próprio domínio.

Como já foi explicado, há reinos relacionados ou não a Mistérios da Umbanda. Enfatizamos isso porque as esferas negativas não respondem a uma única religião apenas, tampouco a domínios e reinos. Trata-se de um conglomerado de forças das trevas, algumas trabalham em coordenação com a luz, outras estão completamente voltadas à escuridão, mas nenhuma delas deixa de cumprir uma função de importância na Criação.

Cada domínio está em completa liberdade para fazer o devido contato com a Zona Escura Dualizada, onde o ser humano evoca tanto os reinos voltados à luz nas trevas quanto os reinos que focam na escuridão plena. Esses servidores da faixa neutra convocam diariamente as forças, a fim de ampliar sua relação energética com o uso de elementos relacionados com os reinos e os domínios pertinentes.

Aqui está uma observação importante sobre a chamada Tronqueira. Quando falamos de ponto de conexão entre domínios, reinos e zonas, encontramos na Tronqueira a amálgama ideal para criar uma estrutura que não só sustentará a proteção do servidor humano, mas também o canal de comunicação entre o domínio de seu Guardião, Exu, Tatá, Bruxo, Bruxa, etc. e esse servidor (ativador).

Uma Tronqueira não é exclusiva de uma consciência que só trabalha para a Lei Maior e a Justiça Divina, mas pode sustentar toda uma ação negativa do ser negativo em questão. Na verdade, a Tronqueira nunca foi exclusividade da luz, mas, sim, das próprias esferas negativas.

A delicadeza de seu uso se mede pelo ativador dele. Existem ativadores humanos voltados para o mal e para o bem, cada um defendendo e evocando as forças que sustentam tal lugar. A Tronqueira é a porta maior, que abre portas menores. Essas portas menores são as chamadas regiões, que podem ser temporárias ou permanentes em lugares, objetos ou pessoas.

Toda Tronqueira é amparada por um regente que responde ao Guardião ou à Guardiã do reino. Em muitos casos, existem pessoas que montam Tronqueiras por pedidos de Exus. Esses pontos se voltam como braços de execução e ação secundária, e são como dutos energéticos que se estendem por completo na necessidade daquela consciência que liberou a permissão de levantar tal Tronqueira.

Uma Tronqueira também é polarizada segundo a força evocada. Mas essa polarização não se dá de uma noite para outra. Requer certa quantidade de paciência para ir movendo energias ao ponto que dita Tronqueira se "enraíze" no reino que a sustenta. Sim, uma Tronqueira cria raízes profundas e suga o negativismo, tanto do lugar onde se estabelece quanto do reino que utiliza. É ali onde ocorrem, ainda, ativações que envolvem energias animais, vegetais, humanas, entre outras.

É incongruente menosprezar ou desmerecer o uso de elementos animais para esse tipo de lugar. Até os desejos se tornam uma oferenda em dita Tronqueira. A única diferença que reside no uso indevido ou não de um elemento é se tal elemento está associado à sua matriz religiosa. Ou seja, alguém pode optar ou não pelo elemento "sangue", sempre que esse elemento não corresponder a sua matriz (sistema de crença); e sobre matriz entende-se como a respectiva religião e/ou linha de prática espiritual. Portanto, uma Tronqueira não é mais ou menos pura apenas por respeitar de maneira ortodoxa sua linha de prática, mas também por conectar o ético às entranhas energéticas de seu ativador, nesse caso o ser humano, que utiliza esse ponto de conexão com o sagrado.

Ao falar sobre evolução em um domínio, não podemos limitar o conceito a uma má-formação por não possuir luz, mas diremos que a beleza também é uma via e arma a utilizar afiando a sedução como moeda atraente da mudança e da opressão.

É a partir desse princípio que começa a confusão na hora de escutar que um Exu Marabô fez mal a alguém. O problema não tem a ver propriamente com o Exu, mas com uma consciência que habita o mesmo reino do denominado Exu, cujo nome simbólico dessa consciência negativa ratificadora da escuridão não foi revelado.

Mas, aprofundando ainda mais esse tema exposto, surge uma pergunta: "Por que um reino abriga um aspecto negativo que vai contra a própria luz?" Porque, sob o princípio da Dualidade do Caos, reinos e domínios se transformam em cárceres vibratórios das consciências atraídas a tal reino.

Esse reino, que funciona como um grande ímã vibratório, vai agrupando consciências nos domínios ativos.

Isso responde sobre os motivos válidos de encontrarmos centenas de Exus e Pombagiras com o mesmo nome, mas em lugares diferentes. E essas centenas de consciências, por sua vez, são responsáveis pela dualidade no tempo ou no espaço onde se manifestam. Daí a importância de não entrar na infantilidade de dizer: "Meu Exu Tranca-Ruas é o mais velho de todos, porque em algum lugar estarão se manifestando outros Exus Tranca-Ruas tão ou mais "velhos" quanto o daquele que abriu a boca para se referir de maneira egocêntrica a seu Exu.

Enfim, estas linhas não pretendem justificar ações negativas, mas trazer à luz a grande imensidão da Criação, onde tudo tem uma ordem, até as próprias trevas. De nenhuma maneira se justifica o mal, de um ponto de vista da Lei Maior e da Justiça Divina, porém é questionável quando a moeda de troca não é o livre-arbítrio, e sim a libertinagem.

Da mesma forma que existem as reconhecidas Tronqueiras como pontos de inflexão da escuridão sobre a faixa neutra, o mesmo se aplica às reconhecidas cavernas, que têm como finalidade expandir a escuridão pela sua atuação na Zona Escura Dualizada. As cavernas são aqueles lugares onde o exercício da escuridão é pleno e ativo, não reconhecendo a luz como um caminho evolutivo.

Portanto, não há temor quando a escuridão é revelada para ser conhecida.

Não há temor quando se compreende que aquilo que denominamos como Criador habita tanto em seu lado luminoso quanto no escuro.

Não há temor quando se entende que a origem da escuridão concebida como errônea ou alheia à evolução nasce do próprio ser humano, que a potencializa em cada decisão manchada em decorrência do livre-arbítrio.

Não há temor quando se compreende que essas esferas contêm grupamentos de consciências que tendem a elevar a escuridão acima da luz, assim como existem guardiões da própria luz que regula o movimento libertino da escuridão.

Não há temor ao saber que dentro da própria luz há uma pitada de escuridão, e que, ao mínimo movimento contrário aos princípios luminosos da evolução, essa luz começa a se apagar.

Para cada porção de luz, há uma porção de escuridão. Ambas convivem em perfeita harmonia passiva, em que o regulador dessas duas realidades é a consciência humana, a qual, às vezes, fomenta a luz ou a escuridão.

Por sua vez, e não menos importante, a manifestação de animais e insetos dentro dessas esferas negativas tem total correlação com a frequência vibratória de cada esfera. A atração do poder instintivo permite o agrupamento desses seres guiados pelo instinto.

Quando falamos sobre os domínios, entendemos que são os pontos-chave nos quais se concentra a maior quantidade de consciências voltadas à escuridão, bem como os Guardiões e as Guardiãs que convivem em perfeita simbiose delimitada por ambas as leis citadas, as quais convivem segundo seus procedimentos e funções dentro da Criação. A maneira como se desempenha um domínio é paralelamente conectada a como tal reino evolui em seu processo de descensão evolutiva, dentro da projeção das esferas negativas.

Em um reino podem habitar muitos Exus e Pombagiras sem se coroar, mas à medida que vão amadurecendo dentro do Mistério e fazendo uso de suas capacidades, podem até conquistar a "coroação", sem destronar o atual rei ou rainha que resguarda o reino onde esse ser evoluiu. Então, é o próprio regente do reino que cria um novo domínio para o novo Ser Coroado. Há também o caso em que um Ser Coroado passa a ocupar o cargo de Guardião do reino do Mistério que protege, trabalhando de lado, junto ao regente dele, nesse caso, se pode dizer que um Ser iniciado estará coroando-se dentro de seu mesmo reino.

Algo importante de se esclarecer: uma esfera é protegida por um regente. Um reino é resguardado por um rei ou rainha. E um domínio é defendido por um Guardião ou por uma Guardiã coroado(a) pelo rei ou pela rainha do reino.

Um domínio possui uma passagem a outro domínio somente mediante a união de forças entre os guardiões, que encontraram em seus integrantes os meios instalados de firmezas feitas entre os Exus ou outros Guias já conhecidos.

Pode-se dizer que não se entra em outro reino, portanto, em outro domínio, se o domínio não possui a passagem ou o portal que deve ser construído mediante a interação e a intervenção por parte do ativador localizado na Zona Escura Dualizada.

Fora de todo domínio, a sobrevivência é a chave para chegar a outro, daí a importância de criar laços em vez de inimizades. Vemos uma série de diferenças guiadas pelo ego do médium iniciado que busca fazer de seu pequeno castelo um império, quando a força reside no intercâmbio.

Um Exu fora de seu domínio corre muito perigo e, mais ainda, fora de seu reino. Por esse motivo, a rede só aumenta sua eficácia com a conquista por meio da união de forças, e não apenas pelas batalhas vencidas. A luta entre domínios de um mesmo reino só se dá no caso de se desconhecer um domínio que responde a uma mesma lei, eis o divisor de águas que o ser humano provoca por querer fazer prevalecer sua insignificante potência diante da grandeza que as próprias trevas propõem. Isso indica casos em que em um espaço onde chega o "Exu Marabô", ele corta ou devolve um trabalho de outro lugar, no qual também se encontra um ser Marabô. Ambos estão no mesmo reino, mas não no mesmo domínio.

A hora de ir ao encontro de outro domínio, sem ter aquela conexão, pode acontecer de quatro maneiras:

1. O ativador da Z.E.D. vai a outro templo fora do seu para naquele ambiente externo ativar forças e firmezas que criarão a passagem energética.

2. Por iniciativa própria da Consciência Negativa, que realiza uma série de firmezas com elementos alheios ao seu domínio e reino, ativando gradualmente forças de outras Consciências por meio dos nomes simbólicos evocados.

3. O iniciado vai a um ponto de força da natureza, distinto ao do reino que o domínio de seu Guia Espiritual possui e realiza a oferenda ao regente do reino, abrindo dessa maneira o vínculo que se fortalecerá só no decorrer do tempo.

4. Uma quarta forma são as investidas realizadas por intermédio dos chamados cortes de demandas feitas contra o templo, por parte do iniciado ou da vítima que se dirige ao auxílio da sua evolução. Essa forma ou quarta maneira é a mais complexa e, em muitos casos, traz consequências, já que na camada mais material do templo não se percebe

o esforço do Guia Espiritual, mas em vibrações mais baixas há incontáveis baixas energéticas que desequilibram a denominada esquerda do templo, ou melhor, esferas negativas que acompanham o crescimento dele. Essa quarta forma é a da conquista pela supremacia do poder atuante.

Interpretação dos movimentos de zonas, domínios e reinos

- Uma área delimita a ação do sistema ativado para o domínio ou reino.
- Zonas sobrepõem-se por troca de elementos.
- O equilíbrio do domínio negativo ativo (-) acontece em seu quaternário reinante.
- O reino não possui quaternário por abrigar ambas as leis vigentes nas Esferas Negativas.
- Nem todos os domínios possuem quaternário. Em todo caso, é a construção mediante as conquistas.
- O quaternário permite acesso ao respaldo de outros Mistérios Maiores, como é o caso de Exu, Pombagira, Exu-Mirim e Pombagira-Mirim, ou seja, um Exu 7 Tumbas também tem respaldo da Pombagira 7 Tumbas, Exu-Mirim 7 Tumbinhas e Pombagira-Mirim 7 Tumbinhas. Nesse caso, o visível é o *Reino Ativo* da zona ativada pelo sis-

tema do ativador. Os outros ficam como *Reinos Passivos* ou de Complemento.

- Um Reino pode abrigar domínio negativo ativo (-) e domínios negativos reativos (--), graças à vigência de ambas as leis.

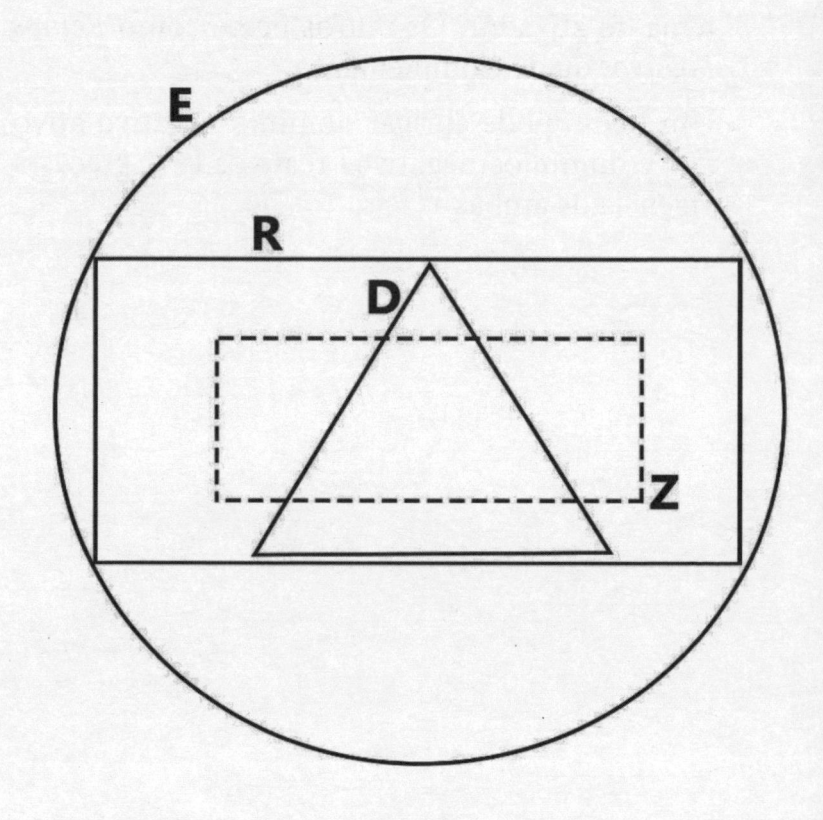

Figura 4

Escala de limites que permitem a organização e a estruturação do mal.

○ E-	E- : ESFERA NEGATIVA
▭ R-	R- : Reino Negativo Ativo da Zona Escura Retificadora
▭ R- -	R - - : Reino Negativo Reativo da Zona Escura Ratificadora
△ D-	D - : Domínio Negativo Ativo do Domínio Negativo
△ D-	D - - : Reino Negativo Reativo do Domínio Negativo
⌐ ¬ Z.E.Re ⌐ ¬	Z.E.Re.: Zona Escura Retificadora
⌐ ¬ Z.E.Ra ⌐ ¬	Z.E.Ra.: Zona Escura Ratificadora
⌐ ¬ Z.E.D ⌐ ¬	Z.E.D.: Zona Escura Dualizada

Quaternário do Reino Ativo

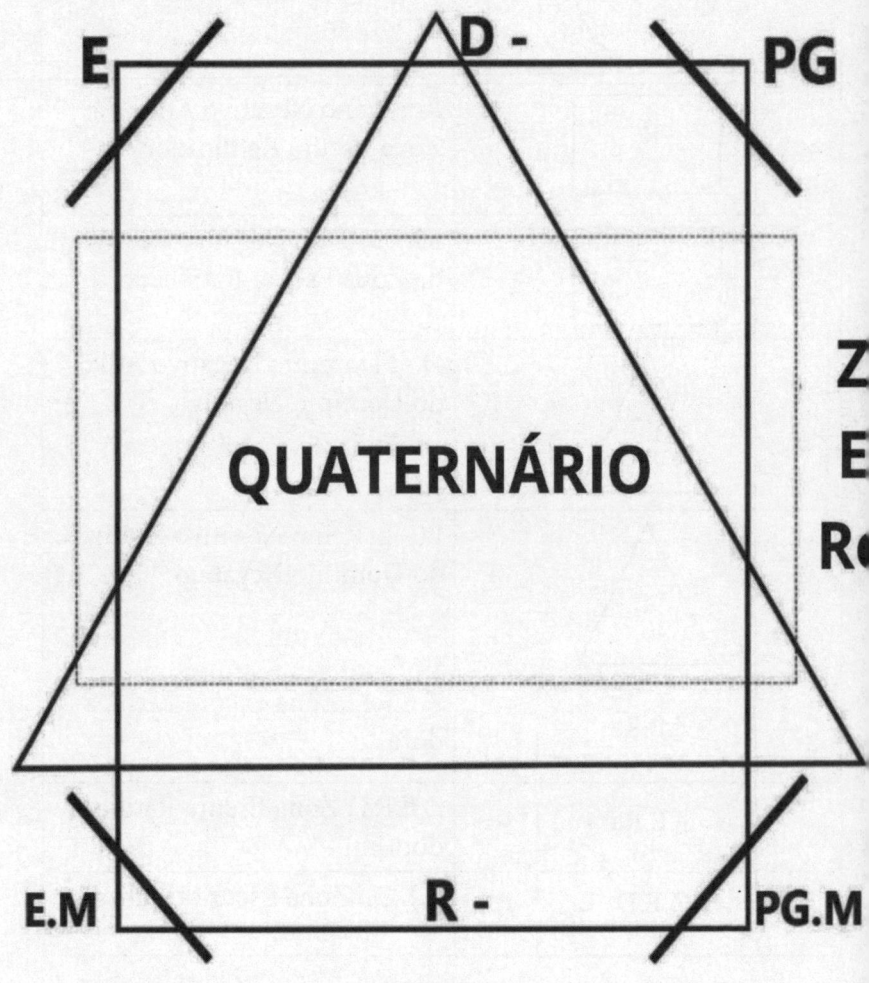

Figura 5

O quaternário faz referência à incidência dos Mistérios, também conhecidos como Guias Espirituais, que se polarizam dentro de uma zona específica ativada pelo médium ou ativador evocante.

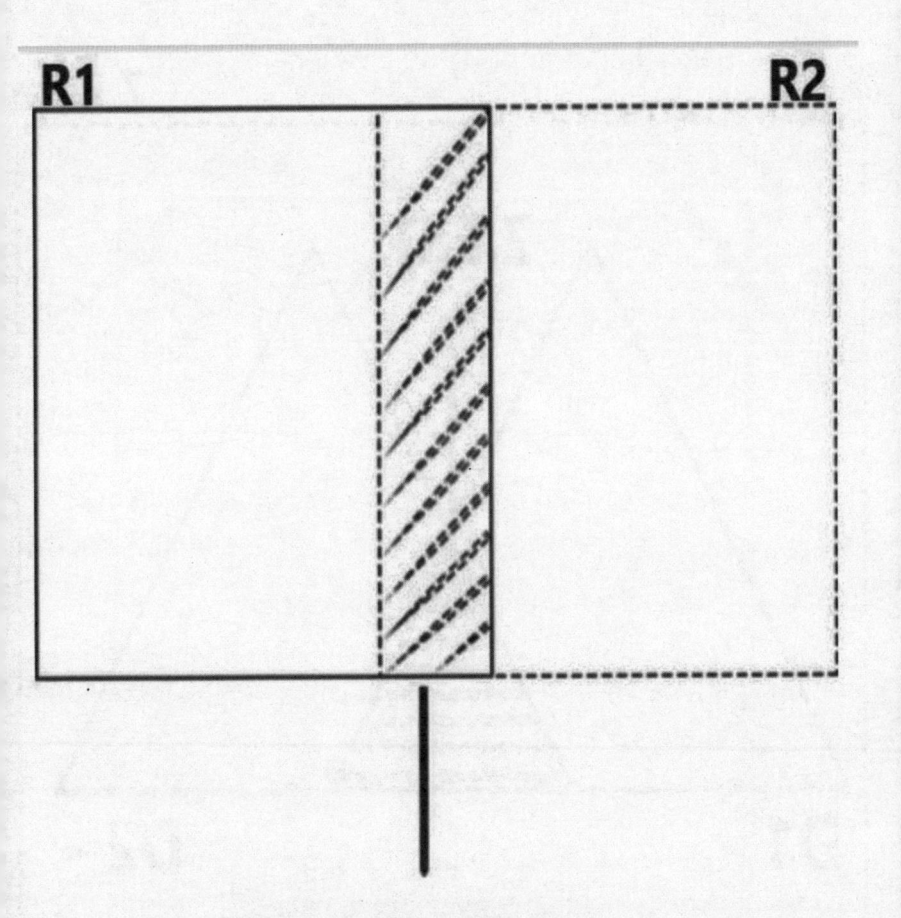

Domínio Misto

Figura 6

Esta figura demonstra a fusão de elementos que resultam em nomes símbolicos multielementares.

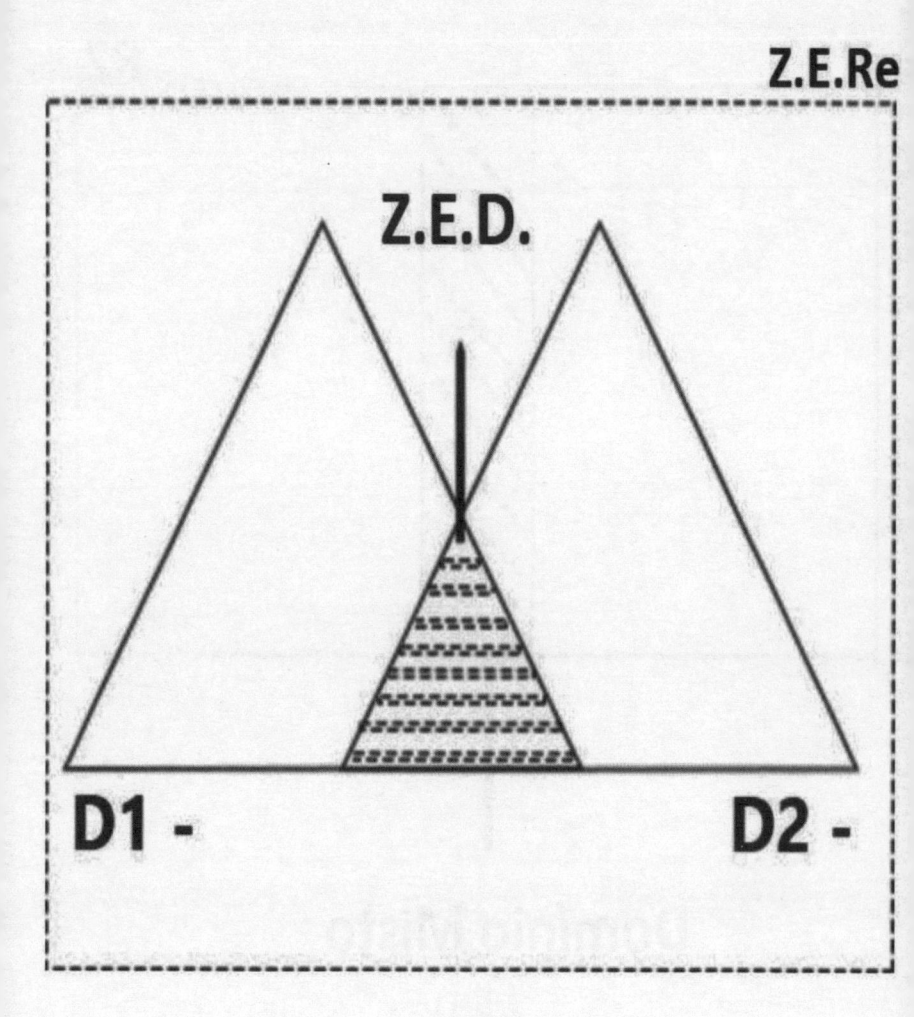

Figura 7

Dentro de uma Zona Escura Retificada em que se aplicam fusões de domínios, onde um Guia Espiritual realiza suas ações diante da Lei Maior e da Justiça Divina.

Figura 8

Assim como existem domínios voltados à L.M.J.D., (Lei maior e Justiça Divina), também há domínios que foram a escuridão plena fazendo uso da Lei do Poder Punitivo e da Supremacia Ratificadora.

9
Seres Integrantes das Esferas Negativas

Kiumbas

A camada de ações negativas mais conhecida na Umbanda é a dos Kiumbas — seres também identificados por outros nomes em demais sistemas de crenças.

Os Kiumbas são consciências desencarnadas que iniciaram seu despertar para as trevas da Criação e entendem que a escuridão deve reinar em virtude da Lei que os ampara em suas ações.

Eles trabalham de perto com a Z.E.D., tendo a possibilidade de montar legiões de servidores, escravizados ou não. Em sua escala hierárquica, são os mais procurados pelos Seres Escuros, que encontram neles vias para acessar as obscuridades adormecidas nas consciências dos seres humanos encarnados na Z.E.D.

A elaboração de um trabalho negativo em terra passa pela consciência de um Kiumba, que é o conhecedor da natureza negativa humana em seu aspecto reativo.

Assim como há Guardiões e Guardiãs que conhecem o ser humano, também existem aqueles que estudaram os humanos desde tempos remotos, de difícil compreensão para a humanidade atual.

Os Kiumbas precisam escalar em suas categorias e hierarquias internas em virtude da natureza escura, promotora da libertinagem e da supremacia do poder reinante que habita as zonas escuras ratificadoras.

São aqueles que possuem a capacidade de manipular os seres instintivos, conhecidos e desconhecidos na faixa neutra.

Um Kiumba só pode iniciar sua preparação de ataque ou contra-ataque se encontrar na Z.E.D. uma indicação da Z.E.Ra. Isso, em outras palavras, está nas mãos da consciência humana, que abre as portas para a presença do Kiumba ou outras formas de consciência negativa. Uma vez instalada a presença do Kiumba na vida da vítima, serão iniciados os mecanismos necessários para preservar sua conexão durante o tempo de cumprimento da missão atribuída por um Ser Escuro, ou mesmo um ativador negativo que tenha solicitado ao Kiumba tal invasão da liberdade na pessoa.

Aqui há um ponto importante a destacar: nem todo Kiumba recorre ao ataque por iniciativa própria, já que ele reconhece que nem todas as consciências na Z.E.D. estão desprotegidas, e o fato de um Kiumba ser apanhado por algum tipo de consciência relacionada com a Lei Maior e a Justiça Divina pode, seguramente, desencadear graves problemas para o reino que reconhece tal Kiumba. Daí, surge o interesse de ambas as Leis em "capturar" tais seres, em virtude da "conexão" com algum reino e, portanto, com algum domínio.

De ambos os lados, o lucro está presente. Por exemplo, se um Exu o pegar, terá acesso ao domínio de um elemento que ampliará sua ação para chegar a novas regiões. Por sua vez, se um Kiumba capturar outro Kiumba ou outro ser que responde à outra Lei reinante nas trevas, ele vai expandir sua legião de escravos, investindo e usando para seu benefício todo o conhecimento adquirido pelo Kiumba em questão.

É fato que um Kiumba deve estar associado a um reino, porque seu caminhar evolutivo negativo requer uma fonte que o sustente durante as investidas necessárias para o progresso de sua supremacia.

Seres elementares

Estes seres possuem na sua genética uma infinidade de combinações que podem desencadear processos ativadores ou desativadores que afetam e/ou afetarão o ambiente do ativador, da vítima e do beneficiário.

Movem-se por ondas vibratórias negativas administradas por consciências preparadas para a manipulação desses seres. Sim, há uma prática, iniciação, reconhecimento e procedimento para sua correta manipulação.

Seres elementares são na natureza sétupla a Criação mais sensível que, como fonte de energia, é imparcial na hora de sua ação, pois possuem em sua base a essência da(s) esfera(s) Criadora(s) dessa natureza e não baseiam suas ações em um nível de consciência que os leve a concluir que é a coisa certa ou errada diante de uma situação.

Um ser elementar é a evolução de um ovoide, que já foi carregado com a codificação que afeta pontualmente sua vítima. Por outro lado, o ovoide pode criar uma desordem ou caos no DNA divino da vítima, mas não pode ser controlada, portanto, não pode ser usada como elemento de ações e procedimentos estabelecidos.

O ovoide, diante de um ser elementar, é apenas uma codificação fechada de outra Criação. O ser elementar é um ser codificado para realizar inúmeras funções combinadas com os fatores negativos que, de maneira organizada, executarão o caos em sua parte externa.

Um ser elementar pode se sobrecarregar energeticamente quando não é indicado a um mesmo fim, criando uma desordem em seu entorno a ponto de colapsar suas forças por conta de sua base instintiva de consumir, destruir, apagar, acabar, derreter, cortar, suprimir, debilitar, ocultar, enganar, desviar, desconcentrar, desorientar, etc., no seu caminho.

Um ser elementar não pode ser manipulado por um Kiumba, em razão da falta de conhecimento deste último.

O ser elementar não reconhece seu ativador como dono, apenas se deixa manipular por vibrações codificadas e procedimentos estabelecidos na hora que são "despertados" para sua ação na(s) referida(s) vítima(s) e/ou ambiente(es).

O ser elementar é manipulado pelos denominados "Seres Escuros", assim como pelos Guardiões dos domínios.

Os Escuros

São seres ou consciências responsáveis por codificar a ação do ser elementar. Em relação aos integrantes de ataque que fazem parte do lugar de onde se inicia a ação punitiva, são os seres que não se revelam perante o ativador presente na Z.E.D.

Os seres escuros respondem a outra Lei comentada anteriormente e não reconhecem a luz como uma via evolutiva. Seu trabalho não começa com o ativador, mas com seu grupo de consciências negativas comandadas pelos conhecidos e denominados Kiumbas.

A escuridão passou por outras iniciações diante de Mistérios e seres não revelados neste livro.

Eles compreendem que a codificação do mal se dá a partir dos seres elementares disponíveis em seu reino e domínio. Sim, as trevas também possuem domínios que respondem a outras forças que não têm relação com os nomes simbólicos revelados ou conhecidos na Umbanda.

Desde o início da Criação, as trevas figuram como a força que cria o contrapeso da luz, protegendo a escuridão como tal.

Não é correto pensar em um recurso finito, e acreditar que o único ser maior e evocado nas trevas é o chamado Lúcifer. Essa denominação ou rótulo limitante faz alusão a um tipo de consciência também presente na escalada dos Escuros; diríamos que o ser escuro mais popular na humanidade é Lúcifer, mas ele é apenas um dos milhões de Escuros espalhados por toda a vasta escuridão reinante nas esferas negativas.

Com isso revelado, existem outros Escuros também conhecidos na Terra, mas esses respondem a religiões e crenças já desaparecidas, embora não extintas.

Essa estrutura de consciências lida em seu ambiente externo com os chamados Kiumbas, assim como com formas negativas guiadas pelo instinto como base de sobrevivência.

É importante enfatizar o motivo pelo qual um ser escuro não trabalha diretamente na Z.E.D. Isso se deve à vibração que esses seres acumularam por milênios, levando-os a não estarem mais aptos para essa zona, pelo fato de ela possuir vibrações da luz que já não se encontram ativas em suas consciências. O mesmo poderia ser aplicado aos seres de luz que já não estão aptos para vibrações mais baixas e que, por tal motivo, se dirigem aos Guardiões e às Guardiãs da Luz nas trevas.

Tudo se resume na permanência vibracional. Os arquitetos do mal são os Escuros, e o Ser Elementar é a matéria-prima para realizar a obra.

Os Kiumbas são os operários que executam as diretrizes do ser escuro.

Por sua vez, os Kiumbas possuem ferramentas próprias e liberdade para ativar ações com as formas negativas, as quais variam em espécie, cor, função, vibração, tonalidade, forma, fatoração, etc.

É uma cadeia de executores preparados para desenvolver a obra do mal sob os ditames da Lei do Poder Punitivo e da Supremacia Ratificadora.

É importante destacar um paralelismo em relação a outras correntes que atuam com baixas vibrações, como o é o caso da Quimbanda. Aqui, as iniciações estão diante das trevas que reconhecem o iniciado como tal, mas é outra consciência que irá escalar evolutivamente com o escolhido durante sua jornada espiritual. A versatilidade que existe nesse sistema se dá por conta de não executar suas ações diante da Lei Maior e da Justiça Divina, mas, sim, diante da outra Lei já citada.

Aqui está um claro exemplo do motivo de encontrarmos consciências que usam o mesmo termo que os conhecidos Exus da Umbanda. Nesse caso, é errado usar a chave "Exu", se este não responde ao domínio do tal Exu, e sim ao reino do rei ativo. Será um Tatá-Caveira ou Tiriri que responderá, e não diretamente um Exu Tatá-Caveira ou Exu Tiriri. Esse Tatá reconhece o Ser Escuro que será o rei de seu Mistério, porém não reconhece um Exu que pertence a outro domínio, mas que se encontra dentro do mesmo reino. Isso, claro, corresponde a uma Quimbanda executada na plenitude de suas raízes, e não na bifurcação de suas crenças.

Formas negativas

Existem ainda outras formas ou seres comandados pela corrente do instinto. Quando falamos de instinto, nos referimos à natureza evolutiva que reconhece as energias, mas não as consciências como elementos reguladores de suas ações. Um ser instintivo reconhece a esfera negativa que o abriga, o regente do domínio, e os que integram o reino e o usam.

Um ser que habita uma esfera mineral negativa não reconhecerá energeticamente um integrante do reino telúrico, em razão da diferença energética que traz em sua própria essência. Agora, aqueles animais, insetos e outras espécies que circulam pelos reinos passaram por um processo de "acostumar-se" ao hábitat no qual se instalaram para evoluir.

Portanto, as Z.E.Re. e Z.E.Ra. são as zonas de evolução desses seres. Em contrapartida, a Z.E.D. deve polarizar seu entorno para o reconhecimento do ser instintivo, como um lugar propício para dar liberdade às suas características.

Eis um exemplo claro de seres "domesticados" em uma Z.E.D., da mesma raça, em que um é agressivo e o outro não. Logo, é a consciência de outro ser em questão que polariza o caminho a ser percorrido pelo ser instintivo.

As formas negativas são variadas em suas espécies, mas é de comum conhecimento encontrar em relatos ou revelações espirituais felinos, caninos, equinos, suínos, etc., assim como os insetos com certas funções, épocas, etc.

Embora as histórias mostrem as formas mais comuns diante dos olhos do entendimento humano, milhares de outras espécies não param de se manifestar com o propósito designado por sua genética para seu processo evolutivo.

O trabalho de um reino durante a construção de seus domínios é codificar as funções e as presenças de formas negativas que movem seu instinto para três fins: proteger o lugar, responder a um ser superior do domínio e atacar quem o domínio indique sempre que necessário.

Assim como existem seres dominantes no mundo animal, o mesmo acontece no sistema de insetos. Por essa razão, essas formas "negativas" são parte interessante e importante de uma oferta para os fins aos quais será ativada.

Podemos colocar nessa categoria aquelas consciências dependentes de outras para executar funções, tais como os conhecidos Sofredores e mal denominados Eguns.

Assim, o resumo da escala de impacto energético é apresentado a seguir:

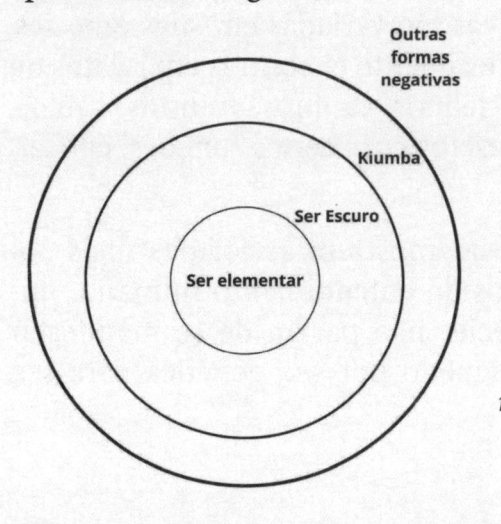

Figura 9

Hierarquia de ação e reação de seres das trevas.

O contato com o Ser Escuro se dá na conquista obtida junto ao Kiumba. Com o tempo, o Ser Escuro passa a tomar o controle do ativador da Z.E.D.

O ser elementar é uma "criação-fonte" que traz em sua genética o potencial para formular novas realidades. Um ser obscuro possui o conhecimento disso. As oferendas na Z.E.D. possuem pontos energéticos que sintonizam com o ser elementar que permite sua exteriorização energética, mediante os dutos criados pelos seres convocados para o trabalho negativo.

É importante ressaltar que, sem um elemento dominante dentro do ritual, não poderá ser ativado o ser elementar, o qual, por natureza, é "recessivo".

10
Fundamentos de uma Tronqueira ou Caverna de uma Esfera Negativa

Uma Tronqueira é a conjunção de forças adaptadas à Zona Escura Dualizada, cuja finalidade é ser um elo entre os domínios e reinos que respaldam o trabalho do ativador nessa zona. Toda Tronqueira deve conter um objeto dominante para se conectar ao domínio ativo.

No caso de não haver um elemento dominante, a Tronqueira estará sujeita ao Guia (domínio) ativo solicitante, devendo possuir ainda um elemento ativado por ele de maneira temporária.

O assentamento vigente terá relação direta com o reino do ou dos Guias ativos, e toda firmeza estará diretamente ligada ao domínio do Guia em questão.

Firmezas passivas se tornam ativas com o elemento "vital do ativador" em vida.

Uma firmeza ativa é alimentada pelo menos anualmente... O mesmo se aplica a um assentamento. Mas é critério do Guia Ativo determinar a quantidade e/ou a frequência do elemento vital do ativador.

Uma firmeza passiva deverá ser "ativada" com elementos passivos em períodos mais curtos.

Os ataques que a Tronqueira sofrer se darão pelas firmezas passivas até chegar às firmezas ativas e, logo, ao assentamento.

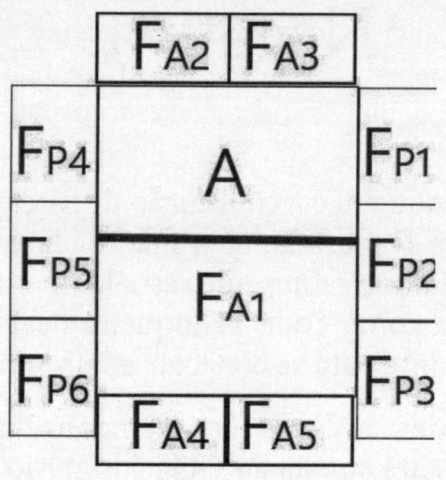

Figura 10

Exemplo de estrutura de uma Tronqueira.

Fundamentos de uma oferenda negativa

É importante ressaltar que o que será revelado do lado escuro do Criador é apenas uma sombra daquele conhecimento adjacente das esferas positivas. Portanto, não é errado aproveitar esta seção do livro e folheá-la para uma melhor compreensão, usando os elementos que compõem a chamada luz na hora de justificar as oferendas.

Uma oferenda negativa é a concatenação de elementos vibrantes que possuem um DNA energético, o qual se transforma como um alelo que se une a outra Criação, de maneira temporária ou permanente.

Todo elemento criado possui em sua essência uma cadeia de genes que o fazem ser o que é. Quando falamos de elementos animais dentro de uma oferenda, seja em forma de sacrifício animal, seja com a utilização de partes de animais, referimo-nos ao Mistério do Trono Temporal Recessivo Instintivo ou, como o denominaremos, M.T.T.R.I.

O M.T.T.R.I divide-se em duas fases: ativa e passiva.

M.T.T.R.I ativo responde ao prolongamento de uma ação usando o elemento vida, que é partido ou derivado da sua união com outro gene. Vamos dar um exemplo a seguir:

Um trabalho negativo será feito contra determinada pessoa, cujo motivo foi exposto pelo requerente na hora de ser feita a oferenda.

Essa oferenda possui em seu núcleo uma galinha preta. A galinha preta ainda viva traz em seu núcleo o elemento da vida que responde diretamente ao Trono da Geração conectado à esfera positiva. O galo preto, ao ser "ofertado" em vida para a ativação desse trabalho, converte-se em um elemento aquático negativo feminino, ou melhor, o Trono Aquático Feminino do Suicídio.

A partir do momento em que esse animal é recodificado, ativa-se o M.T.T.R.I. ativo que fará desse trabalho um prolongamento energético sustentado no tempo, mas temporário ao final. Isso significa que esse trabalho terá uma repercussão maior frente a uma oferenda que responde ao M.T.T.R.I. passivo.

Em compensação, um M.T.T.R.I. passivo está relacionado ao gene reinante e vigente que, temporariamente, possui em seu núcleo a energia do animal que se unirá ao pedido ou oferenda que o ativador (mago, sacerdote, praticante) fará.

Você vai se perguntar se o M.T.T.R.I. ativo é mais incisivo do que o passivo. Depende, nós respondemos.

A questão principal não se encontra no elemento animal, mas na concatenação de todos os elementos que fazem a cadeia que forma o alelo.[4]

---

4. Genes alelos são variações de genes. São caracterizados por estarem localizados no mesmo lugar, nos cromossomos homólogos, o lócus. Comentaremos sobre eles mais adiante.

E esse segredo ou combinação são os Guias Espirituais, assim como os iniciados que resguardam tal sabedoria.

Não é de surpreender que alguns charlatães falem de seu grande poder apenas pelo desejo de sacrificar animais às cegas, sem ter a mínima noção do poder triunfante que é conhecer a escuridão por meio do conhecimento.

Sim, é o conhecimento que impulsiona o poder no caso das trevas, não somente a fé ou crença em uma força maior ou suprema. No caso das esferas positivas, é a fé um elemento válido que potencializa toda oferenda. Isso não se aplica às esferas negativas.

O ato de venerar uma força escura não dá acesso à zona do conhecimento. Venerar não é uma chave, apenas um meio para chegar à chave que abrirá essa fonte de poder e supremacia.

Bem, voltando ao fundamento da oferenda. Não só um elemento animal é o de maior carga de genes que coincidem com a vítima ou o beneficiário, mas há também os elementos vegetais, minerais, ígneos, etc. A humanidade ainda se encontra no processo de redescobrir as extensas e intermináveis semelhanças e coincidências da genética energética que a Criação, fora da "humana", possui.

Outro elemento não menos importante, e sim mais enigmático, é o sangue humano. Esse elemento vital responde ao Mistério do Trono Atemporal Dominante Racional, denominado a partir daqui como M.T.A.D.R.

Quando esse elemento se faz presente em uma oferenda, a cronologia se desloca nos três tempos, criando múltiplas cadeias energéticas que, se mal trabalhadas, podem trazer graves consequências para o ativador ou ofertador. Vamos dar um exemplo.

Existe entre os humanos quase 100% de similaridade genética, isso responde rapidamente à efetividade de um trabalho usando sangue humano. A principal consequência está no doador do elemento. No caso de o sangue pertencer a uma pessoa ainda ativa em vida, o alelo presente no elemento da oferenda deve se juntar com o gene ativo da vítima ou do beneficiário. Isso significa que passarão por processos similares de ações e reações energéticas. Agora, no caso de o elemento ter perdido vínculo com o doador ou dono desse sangue, sua ação será diferente ou menos incisiva, mas não menos agressiva do que a do sangue animal. Isso traz uma pequena reflexão de que os escravos energéticos podem surgir a partir do uso indevido do sangue humano em oferendas negativas mal elaboradas.

Pois bem, agora revelaremos outro tema tão importante quanto tudo que foi explicado até aqui. Quando um elemento relacionado com um Guia Espiritual é conectado por meio da oferenda com o sangue humano, cria-se um vínculo do doador com o Mistério que rege tal Guia. A duração dessa "união" será do tempo de permanência na faixa neutra do doador ou, nesse caso, o ativar, que é o ser humano, o qual, de forma consciente e voluntária, realizou tal ato de oferenda.

Eis uma resposta importante à renovação dos sacrifícios animais em trabalhos de fixação de forças e Mistérios, também conhecidos como firmezas ou assentamentos, utilizados em muitas religiões de matriz natural: é por causa de a influência do M.T.T.R.I. contra o M.T.A.D.R. trabalhar em uma cronologia temporal. Isso não significa que seja menor, mas apenas que foi feito em uma matriz de ação finita.

Podemos concluir que um trabalho negativo funcionará se este encontrar a compatibilidade genética energética com a vítima ou o beneficiário. Eis a grande sabedoria que mostraram e mostram os ancestrais de matriz africana que sabem das combinações, em nível material eólico (evocações, entonações, rezas). Não é por acaso que a tradição guarda em suas iniciações grandes chaves, confirmadas e reveladas há milhares de anos para o uso na terra dos iniciados humanos.

Esta revelação desperta todo tipo de perspicácia, porém deixamos uma reflexão importante sobre o mal para ponderarmos sobre o lado escuro da Criação:

"O mal é a execução de uma ação fora da Lei vigente e reinante daquele que executa. Portanto, o mal de uns é o bem de outros; então, onde está o mal? Este se encontra fora do alcance da Lei que o rege".

```
                    Z.E.D
         ┌·················┐
         :    E5           :
   ┌·····:···┐    E3       :
   :Z.E.Ra   :             :
   :     :E1 :             :
   :     :   Z.E.Ra        :
   └·····:···┘             :
         :         E4      :
         :    E2           :
         └·················┘
```

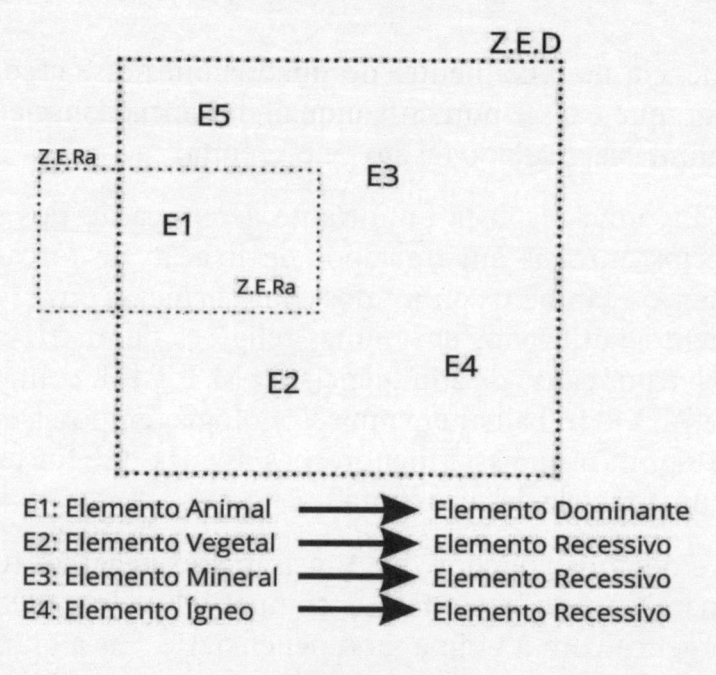

E1: Elemento Animal ⟶ Elemento Dominante
E2: Elemento Vegetal ⟶ Elemento Recessivo
E3: Elemento Mineral ⟶ Elemento Recessivo
E4: Elemento Ígneo ⟶ Elemento Recessivo

Figura 11

A incidência de um elemento dentro do diagrama de uma oferenda.

Na *Figura 11*, pode-se observar um conjunto de elementos que compõem a oferenda. Eles possuem em seu centro elementos que correspondem a genes do tipo recessivo e dominante. É o dominante quem ditará o norte de ação, apoiado por uma zona. Esse exemplo indica ambas as zonas que fazem intersecção no elemento E1, que simboliza um elemento animal que será o condutor da força da oferenda para a finalidade esperada. Ambas as zonas intervêm enquanto **não se direciona para a finalidade**, utilizando a evocação que ativará a zona predominante.

Agora, existem situações importantes de se ter em conta na hora de polarizar uma oferenda, e eis uma das tantas revelações delicadas que separam a "qualidade" das oferendas ou "trabalhos negativos".

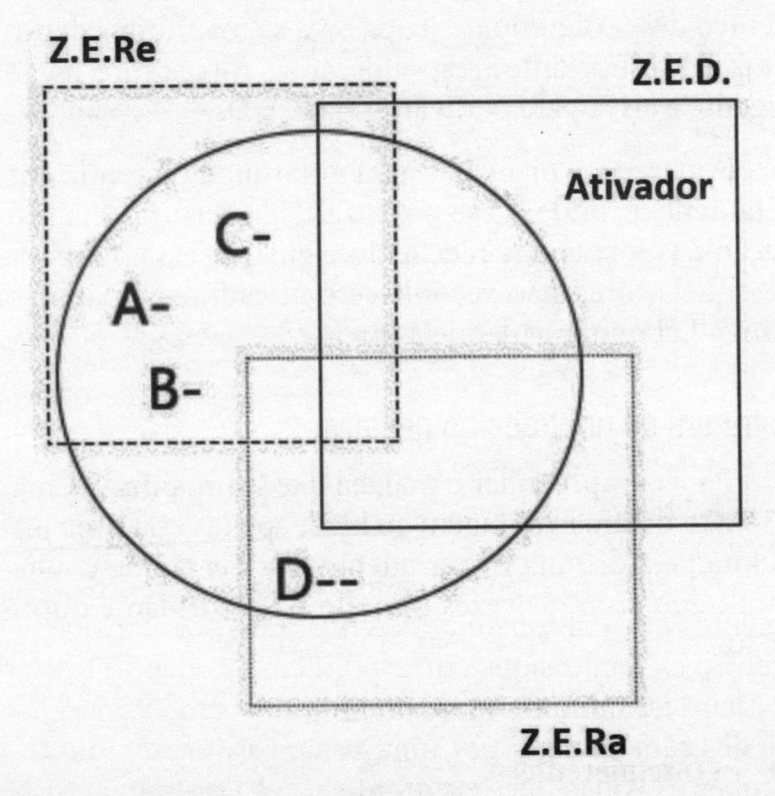

Figura 12

Os elementos polarizam ou despolarizam as zonas onde o ativador faz sua evocação. É importante reconhecer quais elementos ativam essas zonas, domínios, reinos, esferas...

Como mostrado na *Figura 12*, uma oferenda é dirigida mediante a evocação das forças que manipularão essa conjunção de elementos. Quando há um elemento fora da zona em virtude da ausência do "reconhecimento iniciático" e existindo um elemento dominante dentro dessa oferenda, este passa a se manifestar dentro da Z.E.Ra. Portanto, responderão às forças fora da Lei vigente e ativa para o ativador da Z.E.D.

A pergunta principal para guiar uma oferenda corretamente é: onde ela se polariza? Na abertura e na evocação das forças que receberão e guiarão essa oferenda. Se aquela força não reconhece o ativador, não apoiará com a Lei reinante daquela força.

Estrutura de um trabalho negativo

Para compreender o mal, há que se organizá-lo, mas isso não dá uma vantagem ao bem, apenas cria uma justa luta pela disputa de ter adeptos na Terra que conheçam onde pisar, às vezes pisando na escuridão e outras na luz.

Um trabalho é composto por:

- o requerente;
- o ativador;
- as três camadas.

As referidas camadas são divididas da seguinte maneira:

- *Camada da esfera ativada:* oferece os elementos para acessar a fonte que alimentará o reino.

- *Camada do reino:* regula o uso das ferramentas no domínio. São os recursos gerenciados pelo proprietário do domínio que possui conexão com o ativador.

- *Camada de domínio:* finalmente, é regulado pela consciência que se move na medida de sua elasticidade de domínio.

A elasticidade do domínio se nutre dos elementos utilizados na faixa neutra, que disputarão sua sobrevivência durante o choque pela conquista da instalação do alelo mutante na concatenação dos elementos, denominado oferenda.

A oferenda é o primeiro passo para quebrar as camadas de proteção que rodeiam a vítima.

Cada vítima ou beneficiário, por sua vez, possui uma série de estruturas próprias do seu DNA que recobrem seu núcleo principal em que jaz seu potencial, funções e limitações. Essas estruturas têm relação direta com seu sistema de crenças, instalado de acordo com sua fé.

Aqui, é possível notar que um trabalho negativo nem sempre ganha força, porque não foi realizado um trabalho anterior de quebra de estruturas ou, em qualquer caso, a oferenda feita pelo ativador não previu tal estrutura.

Aquela batalha não se inicia no elemento, mas no ser elementar despertado dentro do sistema energético da vítima.

A camada do domínio traz em si a blindagem da lei que o protege. No caso de Exus, Pombagiras, Exus-Mirins e Pombagiras-Mirins, trata-se da Lei Maior e da Justiça Divina. Tudo isso delimitado pela Z.E.Re., como explicado anteriormente.

Quando se tenta quebrar uma demanda ou um trabalho negativo, não se trata de salvaguardar a consciência afetada, mas o ovoide ou os ácidos nucleicos que carregam essa consciência.

A luta do poder reside na obtenção ou resgate dos ovoides. Essas codificações são intermináveis, tanto em sua ação quanto reação.

Toda oferenda segue polarizada pelas forças masculina e feminina, sendo que a codificação determina qual é a atuante.

Cada elemento da Natureza possui genes que correspondem a uma série de funções limitadas e específicas. Dentro desses genes, pode haver alelos, que são variações de que o gene dispõe — basicamente o código ou as funções que o gene possui.

Existem semelhanças entre os genes humano, animal, vegetal e outros elementos, bem como objetos da natureza. Por essa semelhança, é possível a concatenação de uma oferenda com o gene humano, que receberá tal codificação pela união de genes que desembocarão na formação de "alelos personalizados". O conjunto da oferta, portanto, gera um novo alelo temporal ou atemporal. O alelo criado deve ser inserido nos ácidos nucleicos da vítima ou beneficiário.

Por conseguinte, uma oferenda deixa de funcionar se não estiver corretamente codificada, uma vez que não dispõe dos meios necessários para sua adaptação à cadeia genética do destino. O alelo personalizado não foi formado da maneira correta, e isso claramente provoca uma inatividade em razão da desordem de elementos.

É importante compreender que sempre que haja um elemento animal, este será o alelo dominante. Somente no caso da presença de um elemento humano, o elemento animal converte-se em recessivo de primeira ordem, e o elemento humano em dominante.

O alelo formado por meio da união dos genes distribuídos nos elementos feitos à oferenda já é exteriorizado como um alelo adaptado à vítima ou ao beneficiário, conforme as codificações elaboradas tanto pelo ativador quanto pelos envolvidos nessa criação denominada oferenda.

No momento da inserção do alelo modificado, o ser elementar em questão desempenha suas funções correspondentes, sempre coordenadas pela consciência negativa evocada pelo ativador.

É interessante observar que todo ser pertencente ou não à Lei Maior e à Justiça Divina é um alquimista das trevas. Esse alquimista reconhece os mecanismos que serão necessários para coordenar as funções específicas que um ser elementar desenvolverá durante a abertura de sua ação.

Existem, claro, trabalhos negativos que não requerem um ser elementar como tal. Nesses casos, é a influência do ser negativo em complexidade com o ativador que realiza as funções evocadas na codificação, cujos fatores negativos estão no mapa a seguir.

Fundamentos de uma Tronqueira ou Caverna de uma Esfera Negativa

Gene Animal 1 (Dominante)

Gene Vegetal 1 (Recessivo)

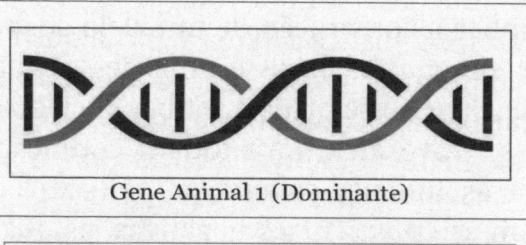

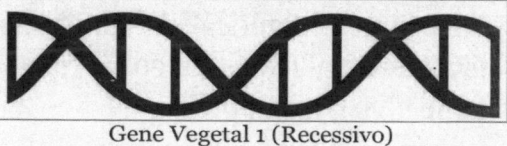

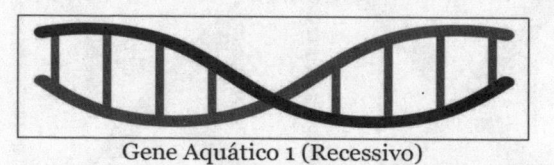

Gene Aquático 1 (Recessivo)

Gene Vegetal 2 (Recessivo)

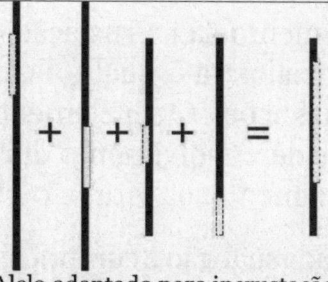

Alelo adaptado para incrustação

A combinação de elementos em um processo de oferenda implica a construção de um alelo adaptado ao destino, que em muitos casos é uma pessoa, objeto e/ou família, seja para este ou esta ser beneficiado ou prejudicado. Esse novo alelo leva toda a codificação que desenvolverá as funções solicitadas pelo ativador em conjunto com as consciências negativas, as quais utilizarão a "matéria-prima energética" do ser elementar em questão, que finalmente permitirá a concatenação desse novo alelo ao gene alvo ou receptor.

Figura 13

A combinação de genes permite nascerem alelos personalizados de acordo com as necessidades da magia ativada para o fim específico.

A partir do momento da incrustação, o alelo desenvolverá todo potencial para o qual foi codificado, até a concretização de suas ações. O ser elementar em questão dará seu sustento de desenvolvimento durante a estadia, temporária ou permanente, na vítima ou beneficiário.

Uma vez finalizada sua ação e cumpridas as funções designadas, o ser elementar, junto aos elementos restantes, será recolhido na região acordada entre o ativador, o requerente e a consciência negativa que apoia tal trabalho.

No caso de não ser despachado na região dentro do tempo e da forma estabelecida, tal ser elementar pode desencadear uma reação que não afeta a vítima ou beneficiário, mas também o ativador, junto à consciência negativa que regula as ações desse ser.

Daí a importância e o poder do despacho de uma oferenda ou trabalho. Em várias situações, existem outros rituais realizados na própria região, que têm como finalidade o término da ação do ser elementar e seu processo de isolamento no reino do qual ele é proveniente.

Também, podem-se encontrar aqueles reforços energéticos, que são as segundas ou terceiras ofertas realizadas em regiões que, muitas vezes, complementam o "alelo adaptado" criado anteriormente. E aqui surge uma situação muito vista na Z.E.D. Aqueles trabalhos negativos que fizeram uniões de índole sentimental devem obrigatoriamente ser renovados, em razão do grande uso energético para manter o alelo personalizado unido a ambas as pessoas.

Ao enfraquecer-se o elemento dominante nesse tipo de oferendas, tende-se a atenuar toda a cadeia que pode sustentar tal ilusão energética criada para manter a união dessas pessoas. Por esse motivo, é necessário o reforço no tempo que o ativador requeira, como indicado pelo Ser que tenha realizado tal efeito.

O mesmo se aplica a firmezas e assentamentos de forças que se dão em ambas as leis. É necessária a manutenção energética, já que todo corpo energético possui uma cadeia de proteínas que devem manter sua forma, intensidade, ritmo e finalidade para sustentar suas ações na Z.E.D.

11
Regiões

Uma região é uma área física presente na Z.E.D. que contém a formação de portais relacionados com os domínios. Estes pontos de intersecção entre as zonas permitem a sobreposição de Leis vigentes, tanto na Zona Retificadora quanto na Ratificadora. Isso significa que, no momento de realizar uma entrega em alguma das regiões, não haverá choque energético em virtude da neutralidade outorgada pela própria Zona Dualizada.

Os chamados despachos passam a se converter no encerramento do ciclo transformador de uma oferenda criada, em que tanto ele ou os seres elementares como os responsáveis pela finalização do trabalho realizarão a transferência das energias restantes ao reino, que foi o receptáculo de tais funções evocadas pelo ativador.

✛	**Formato Atemporal** Trabalha em três tempos (passado, presente e futuro). Relação direta com o Mistério Exu e o Vazio Absoluto.
Z	**Formato Transformacional** Trabalha em mudanças de frequência Relação direta com o Mistério Exu-Mirim e o Nada.
T	**Formato Bipolar** Trabalha em reatribuição de energia. Relação direta com o Mistério Pombagira e o Abismo Sagrado.
⊙	**Formato Ocultador** Trabalha na ativação da ilusão. Relação direta com o Mistério Pombagira-Mirim e o Precipício Sagrado.
┆	**Formato Reativo** Trabalha em energia passada. Relação direta com Reinos Negativos.

	Formato Oposto Negativo Trabalha em conexão direta com os Reinos Negativos.
	Formato Emancipador Trabalha em Energia Presente. Relação direta com Reinos associados à Lei Maior e à Justiça Divina.
	Formato Oposto Trabalha em conexão direta com Reinos associados à Lei Maior e à Justiça Divina.

Dentro dos reinos, há passagens conectadas às regiões que transportam o(s) elemento(s) de uma oferenda.

A região é o primeiro caminho utilizado pelas consciências negativas para chegar ao seu ponto final, que será o lugar a localizar o beneficiário à vítima. Pode-se dizer que todos os formatos das regiões são as primeiras passagens às Esferas Negativas.

As regiões representadas anteriormente estão agrupadas em regiões variáveis, que são cruzamentos, ruas, atalhos, becos, etc. Também se encontram as regiões fixas, relacionadas aos pontos de força da Natureza, como florestas, cemitérios, campinas, etc. A diferença entre ambas reside no fato de que uma região variável não apresenta uma relação direta com as esferas negativas, dependendo muitas vezes de o ativador presente na Z.E.D. completar a polarização desse lugar. Ao contrário, aquelas regiões fixas, por estarem assentadas na Natureza, têm uma conexão direta com as esferas negativas e, por conseguinte, com os reinos.

Há situações em que certas regiões variáveis, no caso de uma encruzilhada, podem ter sido conquistadas ou estarem sobrecarregadas com a presença de seres que respondam a uma das Leis. Daí o motivo de se encontrar regiões propícias a acidente ou algum tipo de catástrofe e, outras, às energias sexuais. Essas regiões sobrecarregadas podem de fato ser palco da busca de elementos que serão utilizados em uma oferenda, já que se tornaram parte de algum domínio. Sim, as regiões podem pertencer a certos domínios, e isso se dá mediante a fixação de forças que um ser consegue canalizar por meio de oferendas que sempre coloca em tal lugar, bem como por encontros — as chamadas sessões ou digressões organizadas em plena região variável.

Também podem ocorrer casos em que essas regiões variáveis sejam habitadas por seres que não respondem a nenhum domínio ou reino, trazendo certo caos, que chamará muitas vezes a uma ou outra zona dentro dessa zona dualizada.

12
Considerações Finais

O caos e a escuridão foram revelados para mostrar que na Criação nada é acumulado de maneira desorganizada. Além disso, é a falta de conhecimento que permite o surgimento de uma ótica limitada sobre a razão de existir o mal, e para que é possível usá-lo e multiplicá-lo.

É tempo de rever a concepção do mal, que, como toda sombra, no fim das contas, faz parte de um objeto que se posiciona diante da luz; ou seja, o próprio ser humano guarda, carrega e gera a mesma sombra que critica.

Milhares de anos transcorreram, e o mal sempre foi e será o que é: um espaço escuro, onde não se vê o que ali está contido, mas, com o passar do tempo, convivendo naquele espaço, é possível visualizar certas silhuetas que permitem a quem nelas vive transitar conhecendo os limites que as rodeiam.

Isso também vivem os humanos. Se pararem de julgar ou lutar contra certas obscuridades, poderão dar-se conta de que elas não reagem porque não encontram o movimento inicial que impulsionava o despertar de sua natureza. E será ali, na quietude das trevas, que todos poderão visualizar as obscuridades que levam dentro de si.

Negar o mal que habita em um indivíduo está errado.

Negar o mal que levou às consequências de certa atitude está errado.

A própria negação faz parte do lado escuro da afirmação.

Então, lutar contra o mal é correto, mas estudá-lo faz dessa luta um movimento estratégico para saber onde e como colocar "luz" em certas silhuetas escuras da Criação.

É indiscutível que o mal causou muitos danos à humanidade, e levou raças, etnias, religiões e sociedades a dar fim nas suas vidas com sofrimentos inestimáveis. Mas não esqueçam que a luz descontrolada também levou fanáticos religiosos a cometer atrocidades em nome daquele "Criador" que possuem em seu sistema de crenças. Da mesma forma, em nome do bem muitas mortes aconteceram. Isso mostra claramente que o bem de uns é o mal de outros, e vice-versa.

Quem terá razão? Respondemos: sua consciência é o mapa, e sem um mapa há deriva, já que seu Norte pode ser Sul e o Sul, seu Norte.

Portanto, resumimos esta revelação neste título: ***O Mal conhecido... O Mal respeitado***.

MADRAS® Editora

Para mais informações sobre a Madras Editora,
sua história no mercado editorial
e seu catálogo de títulos publicados:

Entre e cadastre-se no site:

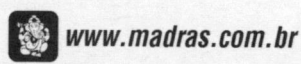

www.madras.com.br

Para mensagens, parcerias, sugestões e dúvidas, mande-nos um e-mail:

marketing@madras.com.br

SAIBA MAIS

Saiba mais sobre nossos lançamentos,
autores e eventos seguindo-nos no facebook e twitter:

@madrased

/madraseditora